Na Ubook você tem acesso a este e outros milhares de títulos para ler e ouvir. Ilimitados!

Audiobooks Podcasts Músicas Ebooks Notícias Revistas Séries & Docs

Junto com este livro, você ganhou **30 dias grátis** para experimentar a maior plataforma de audiotainment da América Latina.

Use o QR Code

OU

1. Acesse **ubook.com** e clique em Planos no menu superior.
2. Insira o código **GOUBOOK** no campo Voucher Promocional.
3. Conclua sua assinatura.

ubookapp

ubookapp

ubookapp

Paixão por contar histórias

adriana duarte

a outra tribo

uma fita, um laço, uma cor, um câncer

ubook

Copyright © 2024, Ubook Editora S.A.

Todos os direitos reservados. Nenhuma parte deste livro pode ser utilizada ou reproduzida sob quaisquer meios existentes sem autorização por escrito dos editores.

APOIO

EDIÇÃO	VINÍCIUS NASCIMENTO
REVISÃO	MARJORIE DUARTE E CRISTINA BARCIA
CAPA E PROJETO GRÁFICO	CLAUDIO ALBUQUERQUE
DIAGRAMAÇÃO	CLAUDIO ALBUQUERQUE
IMAGENS CAPA E MIOLO	MARJORIE DUARTE

Dados Internacionais de Catalogação na Publicação (CIP)
(Câmara Brasileira do Livro, SP, Brasil)

Duarte, Adriana
   A outra tribo : uma fita, um laço, uma cor, um câncer / Adriana Duarte. -- Rio de Janeiro : Ubook Editora, 2024.

   ISBN: 978-85-9556-886-0

   1. Câncer - Pacientes - Autobiografia 2. Câncer - Diagnóstico 3. Câncer - Tratamento 4. Duarte, Adriana 5. Relatos pessoais 6. Superação - Histórias de vida I. Título.

24-208450   CDD-920.72

Índice para catálogo sistemático :

1. Mulheres : Superação : Autobiografia   920.72

Cibele Maria Dias - Bibliotecária - CRB-8/9427

Ubook Editora S.A
Av. das Américas, 500, Bloco 12, Salas 303/304,
Barra da Tijuca, Rio de Janeiro/RJ.
Cep.: 22.640-100
Tel.: (21) 3570-8150

Dedico essa obra a minha mãe, Dona Vera, a mais incansável das enfermeiras ● Ao meu pai (*in memoriam*) pela força das suas palavras ● Às minhas filhas, minha luz no fim do túnel ● Ao meu companheiro André, sempre companheiro ● À Tutu, a filha que a vida me deu ● Ao Cláudio da Cris por me mostrar a tribo ● Aos anjos doutores: Frederico Nunes, Ana Carolina Assaf, Marcelo Lacerda e Mariza Lima de Moraes ● Ao amigo Maurício (*in memoriam*), queria que você estivesse aqui ● Às amigas irmãs do terço da Adriana ● À outra tribo, à Federação de Futebol do Rio de Janeiro, expresso minha profunda gratidão pelo suporte inestimável. Ao presidente Rubens Lopes da Costa Filho, meu eterno reconhecimento pelo apoio fundamental na realização deste sonho. Sem vocês, nada disso seria possível. Muito obrigado ● E ao mais importante de todos, a Deus, por me permitir estar aqui, viva e contando essa história.

Prefácio 9

O Diagnóstico
A bomba atômica   13

A Cirurgia
Começou a Jornada, para onde? 25

A Quimioterapia
A Esperança colorida, tem cor de medo   57

Término do tratamento
O caminho de volta, de volta pra onde?   79

Por fim a Morte se mostrou para mim   93

Há momentos na
vida em que a escrita
se torna inevitável,
a maneira que
encontramos para
expressar o que
vivemos.

A Outra Tribo nasceu de um desses momentos, quando o diagnóstico do câncer nos confrontou com a perda, a finitude e o sofrimento, mas também nos uniu em uma família inesperada, uma família da tribo.

Este livro é um relato afetuoso, comovente e sincero. Ele não apenas narra os momentos do diagnóstico, mas também celebra as pessoas que foram essenciais nesse processo. A Outra Tribo é um testemunho da coragem e do amor que emergem nos momentos mais difíceis. É uma homenagem às vidas que se cruzam no labirinto do câncer, e uma afirmação poderosa de que, apesar do sofrimento e do medo, podemos encontrar força um nos outros para enfrentar o que a vida nos apresenta.

Que este livro faça com que você se sinta compreendido e acompanhado. Que seja um ponto de esperança e descobertas para todos aqueles que, como nós, se viram diante do diagnóstico, seja de si próprios ou de pessoas queridas.

Maria Luiza Duarte, psicóloga
e filha de Adriana

O Diagnóstico

A bomba atômica.

Sim, é câncer! Minha história começa aqui, quando recebi o diagnóstico.

A sensação de impermanência, finitude, brevidade e temporalidade, tudo junto como uma flecha atravessando o coração e resvalando do outro lado. Nesse momento, embora a verdade pareça pesar trezentos quilos, um sentimento de que nada daquilo está realmente acontecendo estabelece uma profunda irrealidade no que você está ouvindo. Você passa para o outro lado, torna-se parte de um novo grupo de pessoas: a "outra tribo". Uma tribo é um grupo social humano que compartilha laços culturais, linguísticos, históricos e muitas vezes territoriais. Podem variar em tamanho, desde pequenos grupos familiares até comunidades maiores, e têm estruturas sociais e organizacionais específicas. Elas são encontradas em diversas partes do mundo e desempenham um papel importante na identidade cultural e na coesão social de seus membros. As tribos podem ter crenças, tradições e práticas culturais distintas que as diferenciam de outras comunidades. No meu caso a "outra tribo" era a tribo dos verdadeiros mortais, aqueles que não podiam mais fazer planos, aqueles que não podiam mais ter sonhos a longo prazo, aqueles que acionaram o cronômetro e ele já estava contando os minutos, os segundos.

Eu olhava para todos ao meu redor e não me sentia mais parte da minha família, do meu núcleo. Saí do consultório após a flechada certeira do diagnóstico e entrei no carro. Minha mãe me acompanhou e disse algumas palavras, mas eu não conseguia ouvir. André (meu companheiro, que não quis subir para a consulta, preferiu aguardar nossa volta no carro) perguntou quando entramos no carro como havia sido a consulta. E eu não conseguia dizer uma só palavra, estava em transe.

Minha mãe também não conseguiu esboçar qualquer reação!

Ele repetiu a pergunta e por fim eu respondi quase com um grito: é câncer!

Houve um silêncio depois da minha resposta, que pareceu uma eternidade, e antes que alguém falasse qualquer coisa para quebrar o silêncio eu repeti tudo o que havia escutado no consultório da cirurgiã que lia a minha biópsia, como se estivesse repetindo *pra* mim mesma a leitura do documento:

— O resultado da biópsia é um adenocarcinoma, um tipo de câncer no cólon do intestino e precisamos operar. Vamos operar, tirar o tumor. É uma cirurgia muito importante e séria, de alta complexidade. Se tudo der certo, faremos uma reconstrução do trânsito intestinal e tirarei você do centro cirúrgico como você entrou, só que sem o tumor; senão, colocaremos uma bolsa transitória talvez. Só na cirurgia vou poder dizer. Em seguida, você estará com o oncologista para iniciar a quimioterapia. Tem boas chances, pois conhecemos bem esse tipo de câncer, e tudo está a seu favor, especialmente a localização, 40 cm acima do reto. Vamos em frente. A cirurgia está marcada para abril...

Estávamos no final de janeiro.

E foi deste jeito que recebi a pior notícia da minha vida. A mais impactante e mais solitária, pois tudo que eu ouviria dali para frente sairia de um grupo de pessoas do qual eu não fazia mais parte e, então, a partir daquele momento eu me senti terrivelmente só.

Os dias que se seguiram foram de grande angústia e medo com a tal da solidão avassaladora. Olhava para as minhas filhas, para minha mãe, para o meu companheiro e todos tinham um olhar de tristeza escondido, eu via o medo no olhar de cada um e uma falsa coragem que explodia na minha frente. Eu tive a minha primeira crise de choro com Rodney, que é pai da minha segunda filha, a Maria Luiza, e disse para ele cuidar dela quando eu fosse embora. Sim, naquele momento, a morte era a única certeza que eu tinha e essa fala sempre acontece, em algum momento, com quem se vê em uma situação de doença grave.

O câncer não é uma gripe, um vírus, uma dor de barriga. O medo da morte é real. Na verdade, essa deveria ser de fato a única certeza que deveríamos ter desde que nascemos. Todos nós vamos morrer um dia, mas incrivelmente nos sentimos imortais e não pensamos ou falamos sobre isso durante toda a vida, até um momento como esse chegar. E nessa altura da minha história eu já me enxergava mortal! Liguei para o meu pai. Ele tentava falar comigo desde o dia da consulta, e eu fugia para não atirar nele a verdade na qual nem eu queria acreditar. Mas era inevitável e, sim, falamos sobre o diagnóstico. Aqueles momentos que sucederam a nossa fala foram cobertos por alguns segundos de silêncio, mas depois ele me disse com todas as letras: "Lute! Seja forte como você sempre foi! Se a sua cabeça comprar a doença você morre. Então lute! Não para vencer, mas para manter-se fiel a tudo que você crê na sua vida!". Sim, ele tinha razão, mas era tarde demais, pois eu já fazia parte de outro grupo. A outra tribo, a tribo das pessoas que têm câncer. Aquelas palavras não tinham mais legitimidade para mim, ele não era como eu, não tinha o que eu tinha, ele ainda podia se sentir imortal, eu não mais!

Aos poucos, os familiares começaram a mandar mensagens, a me visitar e abraçar. Tudo tinha um forte tom de despedida. Eu mandei mensagens para todos os meus amigos como se de fato estivesse me despedindo deles. A minha filha mais velha, Marjorie, estava assumindo o meu papel junto a família, como que se preparando para ocupar o meu lugar: pegava as contas da casa, organizava, ficava responsável por abastecer a despensa, fazer o supermercado. Como já não morava mais comigo, ela passou a administrar duas casas, a dela e a minha. Diferente de mim, eu soube de outros da tribo que não contaram nada para ninguém, nem para família, tão pouco para os amigos. Outros não conseguiram aceitar, outros negaram até o final, enfim. Cada um recebe os impactos dessa bomba atômica da sua própria maneira e tudo bem! Cada um tem seu próprio jeito de pertencer a tribo.

Já me perguntaram qual foi o pior momento. Para mim foi o diagnóstico!

A devastação dessa notícia é incalculável, inesquecível e é irreversível a demolição que causa na sua existência.

Tudo tinha agora uma força muito grande, como se os ajustes de tom, ampere, quilo, tudo fosse modificado para o máximo das escalas. E com essa mesma intensidade, às vezes surgia uma raiva enorme por tudo aquilo estar acontecendo, Não havia como parar esse veículo desgovernado de emoções, era inevitável. Também era inevitável a pergunta: Por que comigo? E a gente sempre pensa assim, como se intitulando merecedor de prêmios. O pensamento era do tipo: *sou gente boa, não faço mal a ninguém, sempre fui uma pessoa correta*, enfim. Como se a doença, assim como a morte, fizesse uma seleção daqueles que devem sofrer e daqueles que não devem. Há uma culpa enorme também, que vem sei lá de onde e te empurra a fazer uma retrospectiva de tudo na tua vida, se isso ou aquilo poderia ter sido a grande causa, como que procurando a lógica de você estar passando por tudo isso. Hoje eu entendo o quanto todos esses pensamentos eram uma grande bobagem, mas naquele momento fazia todo sentido pensar nessas coisas.

Uma das minhas amigas queridas, a Cris, respondeu a minha mensagem e disse: Dri (meu apelido para os amigos), meu marido Cláudio passou por isso, se em algum momento você quiser falar com ele estamos aqui. Com toda certeza, naquele momento, eu ainda não tinha dimensão do quanto era importante falar com um de nós, sim, com alguém da minha tribo. Fiquei grata pela disponibilidade e dei a certeza de que falaria com ele o quanto antes.

Uma pausa para falar de gratidão. Depois do diagnóstico, todas as manifestações de carinho, todos os cuidados recebidos de amigos e familiares, profissionais de saúde (com quem estive nos intermináveis exames que vieram em seguida), enfim, tudo que era direcionado para mim em forma de cuidados trazia à superfície um sentimento de gratidão muito forte, muito emocionado e muito real.

A dimensão da gratidão foi ajustada também para o grau máximo, e isso foi um alento.

O amigo Nelson também foi me visitar. Esse amigo simplesmente apareceu na minha casa depois da minha mensagem. Não combinou e nem avisou, apenas foi até lá para estar comigo, diferente do que sempre fizemos, pois nós sempre combinamos os nossos encontros. Chegou, pediu a minha mãe para me ver e foi até o meu quarto. Nós nos abraçamos emocionados e nos demos as mãos, ele pediu para orar, e fez uma longa e linda oração; choramos juntos e ele foi embora. Tudo isso para me lembrar, mais uma vez, de que falar com Deus era necessário, fundamental e salvador.

A primeira semana passou como um turbilhão de emoções até que o fato de não poder mais fazer planos se apresentou de verdade e me mostrou que não estava de brincadeira!

Acordei uma manhã me sentindo muito mal, muito fraca e pedi para me levarem para o hospital, pois eu sentia que alguma coisa estava muito errada. A pressa de chegar ao hospital era muito urgente. Eu tinha total certeza de que ninguém sabia como lidar com o que estava acontecendo comigo lá em casa — nem mesmo eu sabia o que era aquela exaustão de uma hora para outra. No hospital eles sabiam mais de tudo relacionado a essa doença e suas intercorrências do que todos nós. Ao chegar lá e falar do diagnóstico e do próximo passo, que era a cirurgia em abril, lá estavam eles com os mesmos olhares de todos os outros ao saberem da doença, aquele mesmo olhar de pesar e tristeza, ou pelo menos era assim que eu percebia.

Solicitaram um exame de sangue, e, ao chegar o resultado na emergência, tudo mudou de ritmo e uma correria se instaurou a minha volta com monitores, cobertores e acessos venosos. A médica veio à beira do leito e perguntou se eu estava acompanhada e essa frase por si só já dá um frio na barriga. Respondi que sim e ela continuou informando que meus familiares seriam avisados de que eu teria que ser internada naquele momento. Ela explicou que o resultado do exame mostrava uma taxa de hemoglobina muito baixa e não sabia explicar de que forma eu ainda parecia razoavelmente bem, de acordo com as taxas apresentadas no hemograma. Seria preciso fazer uma transfusão de sangue.

"Essa história de não poder fazer planos era séria mesmo, estava acontecendo. Acabou *pra* mim!" Era isso que passava pela minha cabeça naquela hora! Eu estava com muito medo e muito assustada! Me sentia muito cansada, mas nada além disso. Disse para a médica, que tudo bem em ficar, pois confiava no que estavam decidindo e sabia que era o melhor para mim. Logo em seguida minha mãe apareceu para ficar ao meu lado, já ciente do que estava acontecendo e dali em diante eu e ela teríamos uma longa estadia no hospital. Muito longa...

Foram exatos
54 dias de
hospitalização.

Eu estava em uma rede privada cercada de cuidados e tudo mais que a grande maioria dos doentes de câncer não tem acesso e com o que não podem contar. É impressionante só de pensar nisso, no contexto social. Imaginar boa parte da minha tribo sem condições de um bom atendimento quando se está passando por isso... Porque o mais importante é um atendimento rápido, já que o relógio não é nosso amigo. O câncer se alimenta do tempo.

Logo que fiz a triagem para a internação, subi para o quarto 304 que foi minha "casa" até um pouco depois da cirurgia. A primeira transfusão aconteceu algumas horas depois da internação e já com a primeira bolsa de sangue eu senti a força voltando para o meu corpo. "Opa! Temos gasolina e a viagem ainda não acabou", pensei. Dormi essa noite como uma pedra e logo pela manhã minha médica coloproctologista, a dra. Ana Carolina, com quem iniciei as consultas e pesquisas sobre a minha saúde até chegar à biópsia, chegou no hospital. Ela tinha uma proposta para nos fazer, e depois disso essa foi uma das últimas noites bem dormidas por um bom tempo.

A dra. Ana disse que não esperava que eu tivesse esse mal súbito e nem essa baixa de hemoglobina, o que sugeria uma hemorragia. Para considerar nossa ideia de permanência no hospital entraram com o pedido de cirurgia de urgência, antecipando a previsão inicial de abril. Eu não teria alta, então nesse tempo seria preparada para a cirurgia com tudo que fosse possível, em termos de medicações, dietas de proteínas e todos os exames possíveis para tornar nosso caminho para a cirurgia mais seguro. Sim, ela é uma médica segura e muito assertiva. A dra. Ana Carolina é desse jeito: a melhor!

Então só me restou concordar. Estar em casa não era mais seguro nem para mim nem para minha família, que não sabia como lidar com nada daquilo. Importante falar que eu era da área administrativa da saúde e boa parte dos procedimentos e diálogos já eram familiares para mim. Então entendi perfeitamente que a conduta era boa e muito bem elaborada para me ajudar.

Os dias passaram e começaram as primeiras etapas para melhorar o meu estado geral e me preparar para a retirada do tumor, que eram microcirurgias para a implantação de dispositivos, antes da cirurgia maior. A primeira microcirurgia foi a colocação do PICC, ou Cateter Central de Inserção Periférica. O PICC é um dispositivo utilizado para fornecer acesso vascular de longo prazo. Ele é inserido através de uma veia periférica, geralmente no braço, e avança até uma veia central próxima ao coração. Isso permite a administração de medicamentos, fluidos intravenosos ou coleta de amostras de sangue sem a necessidade de punções frequentes. É frequentemente usado em pacientes que precisam de tratamento médico prolongado — como quimioterapia ou nutrição diretamente na corrente sanguínea —, contornando o trato gastrointestinal; no meu caso eram as duas coisas. As idas para o tomógrafo, realização de exames de imagem e mapeamento do caminho e das condições dos demais órgãos para o grande momento também eram frequentes.

Como combinado, após a colocação do PICC, iniciei a nutrição direto na corrente sanguínea através do dispositivo, mas eu ainda me alimentava de maneira oral e normal. Não era previsto interromper o hábito natural da alimentação para evitar possíveis reações futuras, como a rejeição ao alimento natural na hora de retomar a dieta. Esse era o plano para que eu tivesse uma alimentação perfeita do ponto de vista dos nutrientes e assim estar fortalecida para a cirurgia. Ponto desfavorável: ter que ficar dentro de um hospital por tanto tempo. Ponto favorável: a ingestão de proteína pura. Para a recuperação de cortes e cicatrizes, a proteína é a cola que precisamos. Com o PICC era possível saber quanto de proteína o corpo recebia diariamente e chegar a níveis de nutrição altos e seguros.

Nesse momento minha amiga Cris me telefonou e mais uma vez sugeriu colocar o Cláudio, seu esposo, na ligação para falar comigo e eu aceitei (o Cláudio havia passado por essa cirurgia e tratamento de quimioterapia há alguns anos). Ouvi-lo falar, amistoso e acolhedor, encorajador e muito calmo no seu testemunho me trouxe a primeira sensação de familiaridade. Sim, eu havia encontrado alguém da minha tribo.

Ele me falou das dores, dos temores, das intercorrências pelas quais passou e me trouxe muita segurança, pois eu confiei naquelas palavras, eram as primeiras que me traziam força de fato. Alguém da minha tribo estava ali me dizendo muito do que eu já havia ouvido e sentido, mas nele eu podia confiar, ele era mortal como eu, ele falava de tudo pelo que eu já havia passado e também sobre o que ainda iria passar.

Foi um grande alívio e uma grande alegria.

As refeições continuavam mesmo com a dieta via dispositivo, conforme expliquei, depois com a minha habitual curiosidade soube também que era ótimo continuar comendo para manter a mastigação, para que após a retirada da PICC tudo fosse mais fácil para voltar ao normal. Não era bom ficar muito tempo sem o hábito da alimentação regular. Ou seja, a previsão era de ficar com o dispositivo por bastante tempo. E eu pensava: "como assim voltar ao normal. Nada seria como antes. Que bobagem!". Nada voltaria ao normal na minha cabeça. Era difícil comer, pois eu estava alimentada e não tinha fome, e até mesmo pelo nervosismo de tudo aquilo, mas me esforçava e conseguia comer pelo menos um pouco de todas as refeições que chegavam diariamente. Da minha parte queria fazer o melhor possível para ter os melhores resultados, seguindo à risca a tarefa dada pelo meu pai de acreditar na saúde.

Uma onda gigante de coisas acontecendo ao mesmo tempo: muitos médicos, muitos exames, as minhas filhas sofrendo, meu companheiro André atônito, algumas visitas aflitas por me verem daquela forma já abatida e a surpresa de mais um entrando na minha tribo. Sim, ficamos sabendo que meu amigo Maurício, o sogro da minha filha mais nova Maria Luiza, também tinha sido diagnosticado com câncer, um câncer no pescoço. Foi uma grande tristeza para todos nós, a essa altura já tão sofridos com os últimos acontecimentos. Ao contrário do que acontece na maioria de comunidades, galeras ou tribos, como eu passei a chamar neste caso, um novato na tribo é sempre motivo de muita tristeza.

Era uma montanha russa de coisas acontecendo e agora tínhamos mais um da tribo próximo a mim. Recebi a visita da Bárbara, esposa do Mauricio. Eu a conheci pessoalmente somente no hospital. A Bárbara era a mãe do Matheus, o meu genrinho querido, namorado da Maria Luiza. Ela, também abalada com a notícia do marido, quis ir até o hospital para me ver. Nossas famílias estavam passando pela mesma angústia. Dedico parte desta obra a esse amigo, Maurício, que recebeu o diagnóstico, fez a cirurgia e o tratamento de quimioterapia praticamente na mesma época que eu, e, por fim quase um ano depois, partiu. Parte de nós sempre vai junto com aqueles que nos deixam por essa doença. E a nossa tristeza é por eles que se vão, por nossos familiares e pelos da nossa tribo que ficam.

Chegou o dia da minha cirurgia. Foi quase inesperado pois tínhamos apenas uma previsão da semana, mas sem o dia certo. Pela manhã a enfermeira deu a notícia sobre ser naquele dia por volta das duas da tarde e com isso a alimentação seria interrompida. Algumas horas depois, a ara. Ana Carolina confirmou a agenda e avisou que a dra. Claudia, a cirurgiã, (aquela que me deu o diagnóstico pela leitura da biópsia) já estava a caminho.

Estavam comigo, nesse momento, a minha mãe, a minha filha mais velha, Marjorie, e o meu companheiro, André. A cirurgiã veio ao quarto, falou comigo, repetiu os trâmites e deu até breve, pois logo estaríamos juntas no centro cirúrgico.

Até a hora de me buscarem para seguir para o centro cirúrgico — para a tão esperada cirurgia — eu ainda tinha dúvidas se estava com medo, conformada ou ansiosa. Dei até breve a minha família, mesmo sem a certeza das minhas palavras e fui de maca até o centro cirúrgico. Tive um encontro com Deus no momento de adentrar na sala de cirurgia. Uma paz absoluta que apareceu do nada e tomou conta dos meus sentimentos me absorveu por completo. A voz do meu coração conversava com ELE, com Deus e meu coração dizia que a decisão era dele, de DEUS, se eu ficaria ou tinha chegado a hora de partir. Senti todo meu corpo vibrando com a revelação que ecoava no meu coração, eu ouvia a resposta no compasso das batidas do meu coração. *Você fica! Você fica! Você fica!* Sim, eu podia ouvir claramente.

Minha filha Marjorie me acompanhou até a porta da sala e ao me despedir, vi seus olhos com medo e marejados. A lembrança de olhar fixamente nos olhos da minha filha para dar a ela toda confiança que naquele momento me foi presenteada por Deus é muito intensa. Sim, a decisão dele era de que eu iria voltar dessa cirurgia, eu sentia isso tão certo e tão forte quanto os batimentos do meu coração que naquele momento estavam em ritmo de desacelerar. A paz estava tomando conta do meu corpo e do meu espírito. Essa é a paz inexplicável de Deus.

A cirurgia previa a retirada do tumor e o implante do "Port-a-Cath": um dispositivo usado para acesso intravenoso (IV) de longo prazo. Geralmente, é implantado sob a pele para facilitar a administração de medicamentos ou a coleta de sangue. No meu caso, para o uso durante o tratamento da quimioterapia. Protege o paciente de inúmeros acessos periféricos (nas veias), preservando-o mais. Era tudo novo para mim, havia uma interrogação enorme do que era ter aquilo no meu peito pouco abaixo do ombro direito e ainda a dúvida de ter que fazer uma colostomia ou não. Uma colostomia é uma abertura no abdômen chamada estoma, que é conectada ao cólon. Isso permite que as fezes saiam do corpo através do estoma, em vez de passarem pelo reto, e é realizada em casos de problemas graves no cólon ou no reto, como câncer, doença inflamatória intestinal ou lesões traumáticas. A colostomia pode ser temporária ou permanente, dependendo da razão médica subjacente.

A minha querida médica, dra. Ana Carolina, estava no centro cirúrgico e chegou perto de mim com um olhar muito firme dizendo: "estou aqui com você e quando acordar serei a primeira pessoa que você vai ver. Fica firme que vamos começar." A dra. Ana não era da tribo, mas já viu muitos de nós e eu tive muita confiança naquelas palavras. Começamos essa jornada juntas e estar com ela na sala de cirurgia me parecia um grande privilégio, e foi de grande ajuda. Só conseguia pensar, "tirem esse troço de mim, e me tragam de volta!"

Aquele apagar e despertar de uma anestesia grande para o tamanho da cirurgia pareceu apenas um piscar de olhos, mas foram quatro horas de cirurgia e ao acordar ela estava lá, sim! A dra. Ana Carolina estava ao meu lado, e como prometido foi a primeira pessoa que vi quando despertei. Ela me dizia com voz calma: "nós fizemos um bom trabalho". Eu ainda estava tonta com tudo, mas vê-la ao meu lado foi um sinal muito positivo. Ela continuou dizendo que haviam chegado bem na hora e por muito pouco o tumor não extravasou o intestino, e isso não seria nada bom para as nossas perspectivas de tratamento e cura. "Vamos seguindo e vai dar tudo certo, acredite", ela finalizou.

Ah se todos os médicos soubessem da importância dessa força, dessa humanidade em uma hora tão difícil... Seria maravilhoso acreditar que todos sempre recebem o melhor amparo e o melhor atendimento.

Eu repetia para mim mesma que estava livre do mal que iria consumir a minha vida até o final. Pronto, esse monstro está fora do meu corpo, acabou! Que bom seria se tivesse acabado mesmo ali. Mas não! Ainda tinha um longo caminho a ser percorrido.

Ao sair da sala, minha mãe e minha filha me esperavam do lado de fora. Minha filha perguntava aflita como tinha sido e nesse momento me dei conta de que eu poderia ter uma bolsa atrelada ao meu corpo. Levantei minha mão e comecei a procurar apalpando minha barriga com as poucas forças que tinha, mas de forma insistente. Minha filha disse para a médica e enfermeiros que acompanhavam a maca em direção ao quarto que eu estava procurando alguma coisa. E a cirurgiã respondeu que era a bolsa de colostomia, esclarecendo que era normal. Em seguida se dirigiu a mim e chamou meu nome, ao olhar para ela me foi dito que conseguiram fazer a reconstrução do trânsito e não havia necessidade de colocar uma bolsa de colostomia.

Foi um grande alívio! A ideia de ter essa bolsa me apavorava.

Como nos preocupamos com coisas tão menos importantes que a vida, que querer estar vivo. Mas sim! Era uma preocupação que me afligia muito. E por falar nisso, minha filha Marjorie tem uma peculiaridade de dizer bobagens toda vez que está nervosa e não foi diferente desta vez. Ela se debruçou sobre mim e dizia nervosa: "mãezinha você está viva, você está no planeta Terra". Meu Deus! O que ela queria dizer com aquilo?! Tive vontade de rir. Minha mãe se aproximou com toda delicadeza e tirou Marjorie, que nesse momento já estava quase em cima da maca. "Calma querida, sua mãe veio do centro cirúrgico e você pode contaminá-la com suas roupas, espere um pouco mais para se aproximar". E então olhou para os médicos com olhar de quem se desculpa e eles compreenderam. Lembro bem desta cena sem palavras, só olhares.

Agora eu estava no quarto de CTI, mas com acompanhante. A fisioterapeuta entrou para retirar o respirador e já deu o aviso de que eu ficaria agora em ar ambiente e se sentisse alguma dificuldade era só avisar; dito isso, retirou o respirador. E isso aconteceu tão rápido que sequer tive tempo de dizer para esperar um pouco mais, pois ainda estava assimilando tudo aquilo, mas ela já tinha saído e eu já estava em ar ambiente (risos lembrando desse momento, sim foi desse jeito, ou seja tiraram o respirador e se vira aí). Sei que são muitos pacientes, mas de verdade se cada profissional da saúde soubesse o quanto cinco ou dez minutos do seu tempo dedicado a quem está com medo, inseguro e frágil faz diferença, tudo seria muito melhor para os doentes.

Eu começava a sentir fortes dores e sabia que os medicamentos já estavam ali fazendo seu trabalho, e agora era hora de me manter firme. Foi uma noite muito difícil, embora eu não tenha visto minha filha sair nem minha mãe dormir. Estava lá me sentindo mais só do que nunca porque ninguém sabia o que eu estava sentindo. De novo a voz forte do meu coração me dizendo que o pior já tinha passado. Eu segurava as grades da cama como se pudesse me fortalecer com aquele gesto. Apertava as grades com toda força que tinha naquele momento, para tentar diminuir a dor aguda e dilacerante.

Fiquei quatro dias no CTI, dois dias a mais do que o esperado. Fui tomada por uma inércia enorme que me fez ficar dois dias inteiros em silêncio. Eu simplesmente não conseguia dizer uma palavra sequer. Isso preocupou meus familiares e médicos. Eu fiquei presa no meu corpo sem conseguir verbalizar, sem conseguir pensar em nada e ao mesmo tempo pensando em tudo. Hoje, lembrando como era o sentimento daqueles dois dias, eu posso dizer com toda certeza que foram dias de luto. Ali eu enterrei uma vida inteira de todas as coisas que eu um dia pensei que ainda iria fazer. Eu não tinha nada. Nada para esperar, nada para querer, nada para sonhar, nada!

Ali morreu parte da pessoa que eu era antes e estava lutando para sair de um casulo forçado para o renascimento de outra pessoa. Aquela que eu seria a partir daquelas dores, daquela solidão, daqueles sofrimentos. E afinal, quem iria ressurgir dessa experiência? Como eu seria depois de tudo aquilo?

Eu tinha saudades do que fui, pois já me sentia distante dessa Adriana. Talvez lá na frente, pelo menos, o melhor dessa versão pudesse reviver. Será? Muitas interrogações, poucas exclamações e um medo paralisante de um possível ponto final.

Fui então para o outro quarto, não era mais o primeiro, mas não me lembro do novo número. Todos pareciam alegres e mais calmos com o que estávamos vivendo. Saí para fazer uma tomografia que dias depois nos daria um resultado, além do estudo da peça retirada do tumor e as conclusões sobre o sucesso do procedimento. E, principalmente, quanto havia de comprometimento pelo tempo em que o tumor esteve no intestino. A tão temida metástase. E tudo isso era muito duro de suportar, muito angustiante de esperar.

Eu estava tomando meu primeiro banho de chuveiro depois de muito tempo acamada e era uma sensação muito boa — embora de grande esforço — quando a dra. Ana Carolina entrou no quarto e veio até nós com os resultados em mãos. Ela estava alegre e agitada e de cara eu percebi que a notícia era boa! Falava com voz embargada que eu não tinha metástase e de todos os vinte e sete linfonodos retirados apenas um estava comprometido, que isso era maravilhoso e que eu tinha muita sorte.

Eu pensei imediatamente, nunca foi sorte, sempre foi Deus!

Essa foi a minha segunda crise de choro, mas desta vez eu chorava por todos os outros dias que eu estive ali. A enfermeira me dizia que sim, era para eu chorar, pois era um choro de alegria, pois essa era uma excelente notícia. Alegria? Eu não sabia mais o que era alegria, eu chorava de alívio, de cansaço, por ouvir uma boa notícia. O que poderia ser pior não foi! Finalmente uma boa notícia!

Hoje eu vejo que por tudo o que poderia ter sido ou

acontecido até ali, eu tive várias boas notícias, mas naquele momento era difícil enxergar algo bom, porque é uma nuvem muito densa em volta de você e, de verdade, não tem nada de bom em passar pelo câncer, nada de bom! Pode ser transformador, ok! Pode ser revelador, ok! Pode ser fortalecedor, ok! Mas bom não é, não acredito que quem viveu essa experiência tenha achado algo bom nisso. Nessa hora você não consegue enxergar ou sentir nada além da dor. Eu sequer conseguia sentir todo o amor e a corrente do bem que se formava em torno de mim.

E nesse momento, o que eu de fato conseguia perceber era que o amor e a dor não ocupam o mesmo lugar. Um tem que sair para o outro entrar. Eu estava tomada de dor, física, emocional e espiritual. Nessa ocasião, minha filha Maria Luiza me dizia que enquanto eu mantivesse o foco na minha dor não seria capaz de sentir todo amor à minha volta. Amor que me protegia e que acendia luz e positividade na minha vida. Deus é amor! E, sim, quando você está com essa doença o amor é exposto para você de forma absolutamente gritante. Tudo é percebido como amor.

Bem, acho que por aqui começava uma nova relação com Deus. Sim, eu começava a ter com Deus um encontro verdadeiramente mais íntimo. Porque dali para frente foram muitos momentos só eu e ELE. Não que a vida toda não tenha sido assim, mas é que em um momento como esse, essa presença é sentida com muita intensidade. A gente vai para o colo de Deus e se sente mais aconchegado, está mais perto DELE mesmo.

As dores eram fortes e eu ainda não me dava conta desse corpo diferente. Tinha menos vinte e três centímetros de intestino — o tamanho do intestino pode variar de pessoa para pessoa, mas em média, o intestino delgado humano tem cerca de seis a sete metros de comprimento, enquanto o intestino grosso tem aproximadamente um metro e meio de comprimento. Essas medidas podem variar um pouco, mas essas são as estimativas gerais. Tinha grampos e fios que amarravam essa emenda cirúrgica. Pensar nisso era torturante e ameaçador. E se eu fizer um esforço e romper? Se não tiver aderência? Se Não cicatrizar. A teimosa humanidade de querer ver o pior das coisas antes que elas aconteçam.

Esse "e se"... de todas as coisas, que é na verdade um apego ao passado traduzido em: *e se isso e se aquilo*.

Tinha no meu ombro implantado um Port-a-Cath, também conhecido como portacath ou simplesmente porto, é, como já disse, um dispositivo médico implantado sob a pele que fornece uma maneira para os profissionais de saúde acessarem a corrente sanguínea de um paciente. Geralmente é usado para a administração de medicamentos por longo prazo, quimioterapia ou coletas frequentes de sangue. No meu caso seria utilizado para a quimioterapia. E eu olhava para essa pele avolumada com muita impaciência e medo.

Sim, esse dispositivo me incomodava profundamente — embora os médicos sempre falassem sobre me acostumar e para não me preocupar com isso! O tempo passava e não me acostumava com aquele botão percebido na pele e muito sentido por mim. Cheguei a perguntar ao médico:

— O dr. já teve um dispositivo desse implantado no seu ombro?

Ele respondeu que não.

— Então me desculpe, mas você não sabe como me sinto! Eu não vou me acostumar com esse troço nunca!

Só alguém da tribo pode falar sobre isso com verdadeira empatia. Aprendi que a dor do outro não é a minha e sempre com respeito e genuína empatia digo a alguém que me confidencia uma dor ou incômodo:

— Não posso imaginar o que você sente e lamento pela sua dor, visitando as minhas dores tento compreender o seu sofrimento.

Eu creio que eu ainda achava que talvez só a cirurgia traria minha vida de volta e aquele dispositivo era uma prova real de que o caminho ainda seria longo.

Recebi no hospital o meu anjo da guarda (hoje eu o vejo assim, mas tinha tanto medo dele no começo), e era a pessoa que eu mais me ressentia de ver. Posso dizer que tive por ele amor e raiva, achei por vezes que ele queria me matar (risos). Quando ele ler isso vai lembrar das minhas malcriações. E ele sempre calmo e gentil, amoroso e amigo. O dr. Frederico, meu oncologista. Ele foi cordialmente me visitar no hospital para tirar todas as minhas dúvidas sobre o tratamento que faríamos: a quimioterapia. Quando ele entrou no quarto eu já o reconheci, já que a dra. Ana Carolina o havia indicado para cuidar do meu tratamento, e para saber mais da sua história como médico oncologista, fui procurar no Google e no LinkedIn. O que li foi muito confortante e representou muito para mim, então, ele foi recebido com um sorriso e de braços abertos.

Ele correspondeu ao sorriso e disse que como oncologista ser recebido com todo esse carinho era maravilhoso. Ele sabia de fato todos os sentimentos que estavam envolvidos naquela nossa relação. Ele sabia muito sobre a tribo e ao longo do tempo obteve a permissão para fazer parte desse lado da história. O lado de todas as pessoas que sofrem com essa doença tão difícil, tão desafiadora, tão dura e tão cruel.

O dr. Frederico esteve comigo sempre! Depois, ele ganhou uma ajudante. Um reforço de cuidados emocionais e sentimentais do time dos anjos da guarda na

Terra. A Mariza, a minha terapeuta. Sim, aos cinquenta e um anos eu fui para a terapia.

Mas, vamos voltar para a visita do dr. Frederico no hospital. Eu tinha muitas dúvidas, não sabia nada sobre esse caminho a seguir — a quimioterapia —, e eu parecia uma metralhadora de perguntas: *quanto tempo dura o tratamento? Qual é a medicação que vou usar? Tem efeitos colaterais? Quais são esses efeitos? Meu cabelo vai cair? Vou ficar fraca? Posso trabalhar? Minha vida será normal?* E muitas outras perguntas. Dr. Frederico respondia a cada pergunta com uma gentileza e doçura que ganhou meu coração e me acalmou. Faríamos um total de doze sessões a cada quinze dias da medicação chamada Folfox. A quimioterapia FOLFOX é um regime de tratamento usado principalmente para o câncer colorretal. Consiste em uma combinação de medicamentos, incluindo 5-fluorouracil (5-FU), oxaliplatina e leucovorina. Este tratamento é administrado em ciclos e pode causar efeitos colaterais, como náuseas e fadiga. Sim, pode ter perda de cabelo, pois as reações acontecem de pessoa para pessoa e, sim, se me sentisse bem poderia ter uma vida normal durante o tratamento.

A visita foi dedicada com todo o tempo possível e foi um presente de ânimo. Eu mal podia imaginar a grande luta que ainda teríamos pela frente. O combinado foi que depois da alta eu estaria com Frederico em até vinte dias para iniciar o tratamento. Os dias seguintes passaram muito lentamente. Eu precisava me movimentar para que meu intestino voltasse a funcionar e eu pudesse ir para casa. Mas eu não consegui sair da cama, pois estava exausta e muito tensa. Eu tinha perdido o controle sobre a minha vida (se é que temos algum controle sobre a vida, mas àquela altura eu ainda achava que tinha).

Que bobagem, não é?! Não temos controle sobre nada! Essa é uma ilusão que ingenuamente nos acompanha em momentos como o que eu vivia. Sempre nos iludimos, achamos que podemos controlar tudo que acontece em nossas vidas. Isso é nitroglicerina pura e explode quando as ordens da sua rotina se perdem. Então se até aqui alguma coisa chamou sua atenção no meu relato, talvez essa seja uma das lições que aprendi de maior importância. Eu não controlo nada. Nada que está fora de mim e isso inclui o tempo.

Bem, os dias passavam e eu continuava sem conseguir me movimentar e colocava para correr todos os fisioterapeutas que se atreviam a entrar no meu quarto e me diziam que eu precisava andar. Passaram uns quatro ou cinco até que o fisioterapeuta Flávio que estava de plantão entrou no meu quarto dizendo que precisávamos abrir as janelas e começou a cantar uma música conhecida por deixar a luz do céu entrar. Logo pensei que Deus estava falando comigo. Sim, ELE fala conosco também através das pessoas. Olhei para ele e falei da minha dificuldade em sair da cama e ele me estendeu a mão dizendo que estava ali para me ajudar e faríamos isso, juntos.

Esse pedido era carregado de recados e eu me levantei e dei alguns passos no quarto. Minha mãe ficou muito feliz, parecia que eu estava dando meus primeiros passos como cinquenta e um anos atrás. Fui invadida pela história da minha vida e de tantas outras lutas e forças, e decidi sair do quarto. "Agora estou pronta, vamos em frente". E ele me levou para caminhar primeiro pelo quarto, depois me levou até o corredor e por fim até o final do corredor. Quando chegamos lá havia uma capelinha linda e a imagem de Jesus na cruz estava bem na minha frente. Eu só conseguia pensar. "Tende bom ânimo eu venci o mundo". De novo eu e ELE.

Voltamos para o quarto e os resultados seguintes foram melhores. Os movimentos do intestino, que não eram escutados pelos médicos, começavam a se manifestar timidamente. Pequenas vitórias. As tais boas notícias, que eu ainda não percebia, estavam chegando uma a uma.

Chegou o dia de tirar o PICC e com isso novas tensões, mas tudo correu bem e rápido. Já próxima, a minha alta na semana da Páscoa era muito esperada. A dra. Ana Carolina veio ao quarto e avisou que nos próximos dias eu deveria ir para casa e por mais dez dias a vigilância deveria ser total, mas se tudo corresse bem eu teria uma boa notícia:

— É que com esse tipo de cirurgia são previstas intercorrências no decorrer desses dez dias após a alta, e se alguma coisa não funcionar bem você deve voltar para cá com urgência. Vamos nos falando, mas eu sinto que tudo já está dando muito certo.

Ela era positiva e forte, mas essa questão relatada é um fato muito comum para as cirurgias do intestino. Novo pânico: estar em casa com uma família tão apavorada quanto eu e sem saber como lidar com tudo isso. Não podia viver em um hospital, eu precisava ir para casa e pensava nisso a todo momento.

O dia da alta chegou! André, meu companheiro (eu sempre falo dele como companheiro, pois é essa a sua qualidade especial em minha vida, ser de fato meu companheiro em tudo), veio nos buscar e todos estavam muito animados. Eu sorria sem nem saber o porquê. Tinha dores horríveis, tinha muitos remédios para tomar, muitos cuidados, muitas recomendações e muito medo. Mas ainda assim foi um momento feliz e eu só fui! Fui para casa, para perto das minhas coisas, de volta para o meu canto, minha cama e meu quarto.

Foram ao todo cinquenta e quatro dias de hospitalização. As equipes acabam te reconhecendo de tantos plantões te encontrando lá, e os desejos de boa recuperação na minha saída de alta eram muito familiares e verdadeiros pelo tanto de tempo que ficamos juntos.

Chegar na nossa casa foi uma das melhores sensações do mundo, embora um cenário hostil, pois não tinha enfermeiras e nem médicos e nem campainha para avisar quando algo não ia bem. E falando em algo não ir bem, eu tinha dez dias cruciais pela frente. Nada podia dar errado! Era uma faca no pescoço e eu tinha muito receio.

Recebi muitos telefonemas carinhosos e fiquei feliz por um momento. Não tanto quanto a turma lá de casa, todos muito alegres, aliviados, e pareciam se apropriar da sensação de normalidade a cada hora que passavam ali em casa comigo. Eu entendo, de verdade, que esses sentimentos fazem parte do momento, mas eu me sentia ali como uma estranha no ninho, porque aquela não era mais a minha tribo. Dormir em paz não era mais para mim, comer qualquer alimento também não, tomar banho normalmente com um implante no peito muito menos, fazer as coisas básicas eram grau 100 de dificuldade, "mas vamos seguindo", eu pensava. Exaustão era a palavra, física e mental.

Minha primeira noite em casa marcou a primeira

de muitas e muitas outras noites em claro, sem dormir. Não tinha posição, meu corpo doía muito, e eu só olhava para o teto pensando em tantas coisas ao mesmo tempo que nada conseguia fazer sentido.

A Cris me mandou uma mensagem dando as boas-vindas de volta à casa e mandou um link pelo celular com um mantra para dormir bem. Ela disse que colocava para o Cláudio dormir quando ele estava no hospital (o caso de câncer colorretal do intestino do Cláudio foi mais grave que o meu, ele passou por duas cirurgias) e disse que o ajudou a relaxar e dormir. Bem, se foi bom para alguém da tribo seria bom para mim também. E não é que esse mantra foi bom para conseguir alguns cochilos?!

Muitas pessoas queriam me ver, mas eu ainda não queria receber visitas. Embora todos tivessem boa intenção, eu tinha muitos pensamentos ao mesmo tempo e quando se juntavam com as conversas dos outros e as perguntas de: "Como se sente?" "Como você está?" "Que susto você deu na gente!" Era uma sensação enlouquecedora de que a minha cabeça iria explodir. Eu sinceramente queria ver as pessoas e estar com elas, mas simplesmente não conseguia. E isso era muito perturbador

Os dias foram passando e a contagem regressiva dos tais dez dias cruciais para finalmente ser decretado que tudo estava bem com minha cirurgia parecia não chegar ao fim. Eu parecia o conde de Monte Cristo, preso longe de todos, fazendo riscos na parede para saber há quanto tempo estava naquela prisão. Quando pensei nisso, achei engraçado. Eu sempre fui muito alegre e divertida e essa versão de mim parecia tão distante agora. Essa doença é carregada de uma sensação de sentença que gruda na pele e por mais que você não queira, pensar nisso é impossível e inevitável.

Chegou o Domingo de Páscoa! Neste dia eu passei uma mensagem para dra. Ana Carolina, desejei uma boa Páscoa e disse que no dia seguinte, ou seja na segunda feira, eu iria comemorar os tais dez dias, quando por fim seria atestado que tudo estava bem. Ela me respondeu que podia comemorar já, naquele momento mesmo, no Domingo de Páscoa, e explicou que esses dez dias estavam com uma margem de segurança e que eu já estava, sim, fora de perigo. Ela me disse quase que orgulhosa de nós que a recuperação tinha sido sensacional e me sugeriu tomar uma taça de vinho, pois era merecedora de um brinde à vida.

Minha mãe tinha feito um almoço de Páscoa maravilhoso, estávamos todos lá de casa juntos e eu bebi a melhor taça de vinho da minha vida. E que simbólico ser na Páscoa, data de renascimento! Mais uma vez Deus falando comigo e de forma tão impactante. Acho que aquele vinho foi o símbolo da nossa nova e eterna aliança. Como eu já disse, depois dessa doença minha relação com Deus se confirmou de uma forma muito significativa. Acho que quando entramos para essa tribo recebemos um crachá com passe livre para a conexão com Deus. Não é que ELE tenha um carinho especial por nós (ELE TEM POR TODOS), somos nós que passamos a ter um carinho especial por ELE. No crachá está escrito FÉ.

A Quimioterapia

A Esperança colorida
tem cor de medo.

E chegou a semana da consulta com Frederico.

A consulta que iria agendar a quimioterapia e dar início ao tratamento adjuvante do câncer — uma abordagem terapêutica utilizada após o tratamento principal, no meu caso a cirurgia, com o objetivo de reduzir o risco de recorrência da doença. Geralmente é aplicado quando há um risco significativo da presença de células cancerígenas remanescentes no corpo após o tratamento principal. O tratamento adjuvante pode incluir terapias como quimioterapia adicional, radioterapia complementar ou terapias direcionadas, dependendo do tipo e estágio do câncer. Embora sem metástase e com número ínfimo de linfonodos comprometidos, o câncer chegou ao estágio IV, o que era um indicativo mais que suficiente da necessidade de complementação do tratamento com a quimioterapia. Ainda assim, eu negava essa necessidade tentando buscar com o dr. Frederico evidências de que aquilo realmente era necessário. Negação absoluta de que eu tinha retirado um câncer agressivo em grau alto de evolução. Pode isso? Pois é, pode sim e fui negando até onde deu.

A quimioterapia é a caracterização dessa doença. A cirurgia não! Podemos fazer durante a vida várias cirurgias e por vários motivos eu mesma fiz, mas a quimioterapia? Essa não! Essa só chega até você pelo câncer. Fazer esse tratamento é ter que aceitar a cada sessão, que você faz parte da estatística de pessoas que tiveram câncer. É como se uma vez iniciada a quimioterapia nunca mais você pudesse apagar da sua vida essa história. É pura aceitação e literalmente na veia. E sem anestesia.

Encontrar o dr. Frederico foi mais uma vez uma sensação de familiaridade. Ele transpira conhecimento e experiência sobre a tribo e isso é muito reconfortante, e passa segurança para o paciente.

Falamos sobre os efeitos da quimioterapia e dos cuidados durante a administração. Eu deveria ficar na clínica por um dia recebendo o medicamento da bomba infusora por mais ou menos seis a oito horas. Uma bomba infusora é um equipamento usado para administrar líquidos, medicamentos ou nutrientes de forma controlada e constante para um paciente, geralmente através de uma via intravenosa (IV). Essas bombas permitem uma dosagem precisa e são comuns em ambientes hospitalares para garantir que os pacientes recebam a quantidade correta de fluidos ou medicamentos continuamente. No meu caso seria utilizada através do acesso do Port-a-Catch implantado na pele durante a cirurgia, aquele com a qual eu implicava muito, mas que estava ali para me ajudar. Como o tratamento é longo, esse acesso facilita e preserva as veias e demais acessos periféricos evitando fazer um acesso novo a cada sessão.

A programação era que, além de receber durante todo o dia os medicamentos pela bomba infusora, ao terminar eu sairia da clínica com uma bolsinha portátil que usaria como uma pochete por dois dias. Essa bolsinha também atrelada ao Port-a-Cath libera através do calor do corpo do paciente doses de quimioterapia para o complemento do tratamento na clínica por mais dois dias. Essa rotina se repetiria a cada quinze dias. Os cuidados para a quimioterapia indicada para mim seriam os de evitar o frio em todos os sentidos: interno, como beber ou comer coisas geladas, e externo, como baixas temperaturas, ar-condicionado e ventiladores direcionados.

Como descrevi lá atrás, a quimioterapia FOLFOX

é uma combinação de medicamentos utilizada no tratamento do câncer, especialmente em casos de câncer colorretal. A restrição de evitar o frio durante o tratamento, muitas vezes chamada de "síndrome das luvas e meias geladas", está relacionada a um efeito colateral conhecido como neuropatia periférica, um efeito colateral comum da quimioterapia que pode causar sintomas como dormência, formigamento, sensação de queimação e, às vezes, sensibilidade ao frio nas extremidades, como mãos e pés. Evitar o frio durante o tratamento é uma precaução, porque a exposição a baixas temperaturas pode aumentar esses sintomas em algumas pessoas e é preciso ir para a emergência trata-los.

Como exemplo, de forma bem franca, Frederico falou de pacientes que tremem e queimam de frio a ponto de sentir falta de ar forte. E é claro que eu me apavorei, mas havia conversado com a Cris e o Cláudio antes dessa primeira sessão. Eles me disseram que já haviam passado por isso, o que me ajudou a chegar bem no primeiro dia do inseticida (era desta forma que eu enxergava o tratamento). Fui superequipada, com meias grossas, touca, luvas e cachecol. E, de fato, precisei de tudo isso: é um frio intenso! A tão esperada hora da primeira sessão chegou e eu estava lá com minha incansável enfermeira e mãe, Dona Vera, do meu lado com suas orações e força. Uma força que, todas nós sabemos, só vem de uma mãe, principalmente quando uma filha precisa muito.

Minha filha Marjorie nos levou de carro e estava aguardando a consulta, mas só poderia ter um acompanhante durante a quimioterapia comigo e seria a minha mãe, então minha filha voltaria somente para nos buscar. Fiz uma foto com ela nesse dia e de todas as fotos daquela fase essa foi a única que eu guardei. Apaguei todas as outras. Eu tinha um olhar de esperança e até certa alegria como se aquele ciclo fosse o primeiro passo para o término dessa fase tão ruim. E era, mas eu nem de longe sabia todos os percalços que viriam à frente depois daquele dia. Hoje quando olho para essa foto eu reconheço o meu olhar de ingenuidade. Depois de nos deixar na consulta, Marjorie se despediu, desejou boa sorte e marcou o horário para nos buscar. Ela estava trêmula, embora quisesse demonstrar alegria e força, mesmo com tudo pelo que eu estava passando, como mãe dela podia sentir o sofrimento e o medo que ela carregava com o que estávamos vivendo.

Eu entrei na sala de espera dos boxes para pacientes em tratamento de quimioterapia, e ali tive o meu primeiro contato pessoal, ao vivo e em cores, com a minha tribo. Havia dez pacientes aguardando e todos tinham o mesmo olhar, o mesmo semblante, os mesmos gestos corporais. Sim, aquela era agora a minha tribo. A gente se entendia ao olhar um para o outro, desde os mais resignados aos mais revoltados. Nós sabíamos o que sentíamos e algumas conversas começaram a acontecer. As apresentações e os tipos de motivos de cada um não eram necessários.

Nós falamos já da prática de estar ali e daqui para frente como se nos conhecêssemos há tempos. É uma tribo gigante. Em 2021, ano do meu diagnóstico, a estimativa aproximada global era de que cerca de 9,9 milhões de pessoas morriam de câncer a cada ano e aproximadamente 19,3 milhões de novos casos de câncer eram diagnosticados anualmente em todo o mundo. Esses números podem variar ao longo do tempo e dependem de diversos fatores, como avanços na detecção e tratamento do câncer, bem como mudanças demográficas.

Pela primeira vez depois do meu diagnóstico eu me enxergava presencialmente em outras pessoas e não me senti mais sozinha a partir daquele momento. Era seguro estar ali apesar do medo do que estava por vir. Todo apoio com uma força absurda era dado através de pequenos gestos, olhares e algumas frases. Os gorros, as luvas e o cachecol já não faziam de mim uma pessoa estranha em pleno calorão do Rio de Janeiro, não ali. Ali eles eram nossos aliados, eram parte do cenário e eu estava muito de acordo.

E ouvi meu nome. ADRIANA! Estava na hora, era a minha vez e esse chamado foi como uma martelada na última possibilidade de tudo aquilo ser um engano. Sim, eu vou fazer um tratamento contra o câncer.

Entrei com minha mãe e havia vários boxes separados por divisórias, e eu poderia escolher qualquer um. Uma bomba infusora, uma cadeira reclinável, um pequeno criado mudo, uma cadeira para acompanhante e uma TV. Aquele seria meu cantinho a cada quinze dias. Um dia inteiro naquele box. Eu me sentei, me acomodei e minha mãe também. As enfermeiras eram muito simpáticas e amáveis, e uma delas se apresentou como a enfermeira responsável por mim; trocamos números de telefone e a indicação era que se eu tivesse qualquer problema falasse com ela a qualquer hora. Ela seria um contato a minha disposição, e isso me deixou um pouco mais calma e segura.

Iniciada a sessão vários sacos de líquidos estavam atrelados naquela máquina, passando pela cânula, direto para o implante do meu peito, eu não sentia nada e do alto da minha ignorância pensei: "é só isso, vou tirar de letra". Comecei a ter ideia de que não era tão simples assim quando a cada momento as enfermeiras vinham aferir minha pressão, medir minha temperatura e perguntavam se eu me sentia bem, se algo me incomodava, ou ainda se sentia algo diferente. Isso aconteceu em todas as sessões que fiz.

Terminadas as seis horas na máquina, era chegada a hora de colocar a pochete na minha cintura que manteria a química entrando no meu corpo por dois dias. Lembro de ter sentido um cheiro forte parecido com gasolina ou removedor e me dei conta de que estava suando e de que o odor sentido era do meu suor. A química já estava impregnada no meu corpo. Coloquei todos os apetrechos de proteção para a friagem que não poderia sofrer e saímos nos despedindo da equipe técnica e da tribo que ocupava os demais boxes. Cheguei em casa e estava mais cansada que o habitual e todos à minha volta comemorando timidamente o início do tratamento e me perguntando a todo instante se estava tudo bem. Sim, até ali tudo bem.

As minhas filhas insistiram para o início da terapia e eu concordei por entender que minha cabeça e minhas emoções estavam seriamente atingidas por tudo aquilo. Procurei a plataforma virtual oferecida pelo plano de saúde para que minhas sessões fossem online. Lá havia uma multidão de profissionais com suas histórias e currículos a serem escolhidos e eu me concentrei, inspirei e escolhi uma que se chamava Mariza, falamos dela lá no início. Ela tinha quase a mesma idade que eu e vi em seu rosto, em uma foto da plataforma, uma certa familiaridade que me chamou a atenção. Então marquei a primeira sessão para dali a uma semana.

Nos dois dias que se passaram com a bolsinha era muito incômodo não poder tomar banho de chuveiro para não molhar minha pochete e a sensação de cansaço só aumentava. No dia de voltar ao consultório para remover a bolsinha eu me achei diferente no espelho sem entender muito o que de fato estava diferente. Era o inchaço do meu rosto, eu parecia ter uma espécie de alergia e estava vermelha e bochechuda.

Retirar a bolsinha foi uma incrível sensação de liberdade e ali a enfermeira me contou sobre um costume que todos, ao terminar o tratamento, tinham: o de tocar o sino e trazer um bolo para celebrar a vida nova. Eu ainda animada com a novidade disse que com certeza iria passar por essa etapa e fazer um bolo bem bonito. Eu via na internet às vezes histórias assim, carros buzinando, cartazes falando do fim do tratamento e me vi naquela situação, comemorando.

Os sintomas pós-quimio começaram a se agravar depois do quarto, do quinto e do sexto dia. O enjoo não me deixava comer, mas eu sabia que era necessário. E o cansaço! Esse era de enlouquecer. Meu corpo não resistia a um sofá ou encosto, logo me encolhia para deitar. A sensação é de que a vida está sendo sugada de você — e de fato está. A química não é inteligente, ela não mata apenas as células possíveis de câncer ela mata TODAS. Como eu digo, você precisa sobreviver ao câncer, depois à cirurgia e, por fim, ao tratamento. Se você conseguir chegar até a linha final, terá ultrapassado esses três obstáculos. Uma semana depois da primeira sessão eu já comecei a entender que a briga ia ser grande. Muitas dores no corpo, sessões de dor de cabeça, uma exaustão e um desconforto abdominal recorrente, urgente e absurdo. O tal odor do suor era insuportável e eu tinha algumas lesões na pele. Por volta do décimo segundo dia, esses sintomas diminuíram, mas no décimo quinto dia já era hora de voltar para a próxima sessão e íamos recomeçar essa jornada.

Chegou o dia da minha primeira consulta com Mariza, a terapeuta escolhida na plataforma que, ao ouvir meu momento de vida, se apresentou como filha de um paciente de câncer, um adenocarcinoma de cólon de intestino assim como o meu, em remissão há vinte anos. E ainda tem gente que não acredita no poder do impossível de Deus! Com tantas pessoas para escolher naquela plataforma eu escolhi aquela que, de cara, conhecia minha tribo. Começamos ali um longo tratamento. Como diz minha filha Marjorie, fazer terapia é fazer um *tratamento de dores invisíveis*.

As sessões de quimioterapia seguintes tiveram a mesma rotina, mas os sintomas estavam cada vez piores. O dr. Frederico dizia que algumas pessoas tinham alguns sintomas e isso podia variar de paciente para paciente, mas eu tinha TODOS, todos os sintomas e possíveis problemas do tratamento vieram para mim. Meu cabelo começou a cair. Como eu sempre tive muito cabelo, mesmo caindo muito e ficando bem ralinho eu não raspei a cabeça. Não, eu não optei por passar pelo ritual do guerreiro da nossa tribo de raspar os cabelos, e como é uma tribo que respeita o sofrimento e dor, talvez como nenhuma outra, tudo bem por isso! Eu já não me reconhecia no espelho: estava muito feia, magra demais e inchada demais, tinha pouco cabelo, unhas quebradiças, erupções de pele e aquele odor de gasolina que não me deixava respirar. Eu parecia um monstro. Uma executiva respeitada, uma mulher bonita, uma pessoa cheia de vida: nada disso existia mais.

Sair da cama era um ato de resistência, pois era quase impossível realizar essa proeza de tanto cansaço. Na época eu trabalhava como gestora administrativa e a única pessoa que podia trabalhar com o faturamento da empresa era eu. A empresa não ia bem, por isso eu precisava trabalhar ainda que de casa, mas eventualmente precisei ir presencialmente ao trabalho, e hoje eu nem sei como consegui fazer isso. Estávamos saindo da pandemia e o mundo estava de pernas para o ar. Era, de fato, a luta pela sobrevivência, pois as contas estavam lá, precisavam ser pagas e eu precisava seguir, não tinha essa de auxílio-doença, todo mundo estava quebrando. Como a empresa estava mal das pernas, assim como tantas outras, eu não consegui, por questões burocráticas, o tal auxílio-doença e isso significava que eu precisaria trabalhar mesmo, ou não teria recursos para os remédios caros, a alimentação super selecionada, os deslocamentos para as sessões e tudo mais que envolvia esse momento.

Eram preocupações que eu não deveria ter naquele momento. Já bastava a preocupação com me manter viva. "Mas a vida não é feita de compartimentos (quem está doente não tem problemas) então, vamos seguindo desse jeito mesmo", eu pensava. A dona da empresa na época soube acolher, respeitar e me dar todo apoio de que precisava, eu não tive auxílio-doença mas tive auxílio-empatia que foi muito importante e parte fundamental desse tratamento. Meu agradecimento e carinho para a amiga e chefe na época, a Rosane.

E seguimos assim. Minha mãe cuidando da dieta e de todas as coisas na temperatura certa para evitar surpresas; queríamos fazer tudo do jeito certo, ainda assim durante o meu tratamento foram quatro internações de emergência. Eu tive quatro tromboses, mais do que isso, eu tive quatro sensações de morte! E um milhão de coisas passando pela cabeça quando o corpo não responde mais e você entende que sua hora chegou.

A cada internação e volta para casa eu ficava cada vez mais fraca. Eu tinha o sentimento de que estava voltando para ter um pouco mais de tempo. Meus vizinhos, familiares e amigos tão confiantes no começo agora usavam expressões de pânico do tipo: "Ai meu Deus ela não vai aguentar ou acabar com isso... esse tratamento vai te matar". E eu pensava nisso todos os dias. O dr. Frederico me dizia que eu era muito jovem e ele temia por uma recidiva (volta ou reaparecimento do câncer, após um período de remissão ou tratamento interrompido). Foi durante o meio do tratamento que eu cheguei a pensar que o Frederico estava me matando (risos), eu usava frases do tipo: "ele está dando um tiro de canhão em uma rolinha, não é preciso toda essa química, não é possível!". Mas ele sabia muito bem com o que estava lidando e o que estava fazendo. Ele também se surpreendia pelo fato de eu ter TODOS os efeitos colaterais e não apenas alguns, mesmo com todas as medicações utilizadas para diminuir esses sintomas. Hoje, as drogas utilizadas para essa finalidade tem grande potencial de acerto com a maioria dos pacientes, mas comigo não pareciam funcionar.

Então com boa parte do tratamento em curso, ele começou a administrar as doses da quimioterapia e tentar manter o plano de forma menos agressiva, mas de pouco adiantou. Nesse momento eu já estava muito diferente física e emocionalmente; minha alegria constante tinha ido embora junto com a pouca esperança que eu tinha de sair viva desse episódio.

Eram muitas noites de insônia e quando a casa estava em silêncio eu só ouvia meu choro baixinho olhando para o teto e tentando me perguntar para que tudo isso? Foram muitas noites de conversa com Deus. Só eu e ELE.

E ficamos íntimos e fui cada vez mais me conhecendo e conhecendo a Deus.

Todo mundo me dizia que eu era uma pessoa de muita fé! E eu não me via assim com tanta fé, foi aí que entendi que a minha perseverança e força, ainda que fraca por conta das minhas limitações físicas, emocionais e mentais, era uma espécie de fé. Você só empreende naquilo que acredita, portanto, sim, isso é FÉ.

Somos todos diferentes e nossa vontade, expressão de amor e crenças também se manifestam de formas diferentes. Eu procurava através dos dias ouvir os sinais e sentir as respostas para as minhas orações. A essa altura me veio novamente a frase de Maria Luiza, minha filha mais nova. Enquanto eu olhar para minha dor, não conseguirei sentir o amor. E naquele momento aquela frase dita antes e guardada na minha memória fez todo sentido para mim. Sim eu preciso ver o amor à minha volta.

Foi criado no grupo que frequentamos na Igreja o "terço da Adriana" onde nossas queridas amigas rezavam pela minha saúde toda semana, não deixando minha mãe enfraquecer na fé e cuidando dela quando eu não podia cuidar. De novo a gratidão tomou forma e o sentimento de agradecimento, que é forte e eterno, habitou meu coração todos os dias. Esse terço existe até hoje e foi para elas em vários momentos de suas respectivas vidas também um alento. Deus sendo Deus na vida de todos nós.

E assim o tratamento seguiu. A essa altura eu não reconhecia mais meu rosto, não reconhecia meu corpo. Era outra pessoa que estava habitando esse corpo. Um corpo envelhecido, fraco e muito debilitado. Certa vez conversei com a Hilda, uma antiga amiga da minha mãe. Hilda era da tribo, teve câncer dez anos antes e a doença havia voltado, agressiva e destruidora. Eu e ela tivemos uma conversa longa pelo telefone, em um dia de volta da minha sessão. Ela telefonou e pediu à minha mãe para falar comigo. Tivemos muita conexão e muita identificação. Afinal éramos da mesma tribo. De tudo que falamos, ela me disse algo que trago comigo até hoje: "certa vez vi um quadrinho do Snoopy, (aquele cãozinho Beagle, fofo que virou um personagem em quadrinhos muito famoso), o Charlie Brown outro personagem dessa charge, muito pessimista dizia *pra* ele, sim Snoopy um dia nós vamos morrer. E o nosso amado cãozinho Snoopy respondia para ele, verdade. Mas todos os outros dias nós vamos viver". A Hilda nos deixou meses depois dessa conversa, mas com toda certeza deixou em mim sementes muito valiosas que germinam até hoje quando me lembro dela (mas uma da tribo que se foi). Muita tristeza!

Eu já tinha ouvido, amadurecido e entendido que

a vida é um presente e que perdemos tempo com bobagens e que não podemos controlar nada. Basta o dia de hoje, pois o amanhã pode não chegar e tudo mais que sabemos sobre esses chavões, mas não praticamos nessa vida. Eu queria praticar, mas agora já não conseguia, estava fraca demais para tomar sol e sentir o quanto é maravilhoso, tinha muitas dores, as minhas articulações pareciam engessadas... eram os efeitos da quimioterapia, eu já não sentia mais o gosto de nada do que comia ou bebia, mas a minha cabeça estava cheia de promessas para um futuro que eu rezava muito para ter.

Queria muito que o tempo corresse, passasse e tudo isso acabasse para que eu pudesse voltar para a minha vida. Vida essa que nunca mais seria a mesma. Porque não é mesmo! A cada dia nos tornamos pessoas diferentes e isso nada tem a ver com o câncer, mas quando estamos dentro dessa história, tudo parece maior, mais robusto e muito avassalador.

Com toda certeza eu não era mais a Adriana de antes, eu tinha as marcas da tribo, a filosofia da tribo e os pensamentos da tribo. E é engraçado como as pessoas nesse momento gostam de registrar como você era e tem muita dificuldade de ver no que você está se tornando, no que você está se transformando, e que você não é mais a pessoa de antes. As pessoas não querem você com as marcas do câncer, sejam as marcas vistas no corpo, sejam as marcas emocionais ou espirituais, ou ainda os movimentos da sua maturidade nesse processo. As pessoas querem você de volta como era lá atrás, antes de tudo, como uma gripe: "Ah você ficou mal, mas medicou e olha você aí, está nova em folha! Pronta *pra* outra!". Isso é impossível, jamais serei a Adriana que entrou naquele consultório para receber um diagnóstico de câncer. Muita coisa mudou e ainda vai mudar na minha concepção com o rumo — nada natural — das coisas.

Término do tratamento

O caminho de volta, de volta pra onde?

Chegamos ao final do
tratamento e não é
como um ponto final,
é como uma vírgula.

Não saímos no fim com um adeus. Definitivamente, não! É um até breve, pois ainda temos cinco longos anos pela frente acompanhando essa reação das nossas células ao tratamento. Não teve buzina de carro, não teve bolo para comemorar com as enfermeiras, não teve festa. Teve a volta para casa para lidar com os efeitos do inseticida impregnado em mim. Depois da quimio, os efeitos ainda ficam no seu corpo por muito tempo, alguns até de forma permanente e tudo isso eu só saberia com o tempo. Eu nunca tinha sentido o tempo de forma tão desordenada como nessa fase da vida, cheguei à conclusão de que o tempo está absolutamente relacionado com a sua paz. Sim, se você está em paz, ele passa e você não sente. Se você não está em paz, ele é lento, teimoso e muito cruel.

Dr. Frederico me abraçou, disse com olhos carinhosos e compreensivos:

— Você foi uma guerreira. Ainda temos um longo caminho pela frente, mas o pior já passou.

Sim, agora de fato, o pior já tinha passado. Um ensinamento forte e sofrido: TUDO passa! Tudo nessa vida passa.

Mariza, minha fiel psicóloga nessa jornada de entender e traduzir emoções, na sessão de terapia da semana seguinte me perguntava que sentimento era esse, de que finalmente esse tratamento havia acabado. E essa era a questão. Não dava para sentir que tinha acabado, parecia que aquela rotina quinzenal desses meses intermináveis ainda estava ali. Sei que existem tratamentos que duram anos e a possibilidade de não ser o meu caso trazia a tona o gigante sentimento de gratidão outra vez.

De tanto que esse sentimento aparece nesse caminho eu não posso deixar de observar que eu possa também ter passado por tudo isso para aprender a agradecer. Não que eu não tenha sido grata antes por todas as coisas, mas nessa jornada você é absoluta e profundamente grato por TUDO: pelas pessoas, pelas circunstâncias, pelo que te acontece de melhor dentro do pior, pelo ar que você respira, por poder comer. E falando em comer, que saudade de uma pizza!

Começavam os pequenos prazeres. As primeiras antigas novas coisas. Nessa época, o amigo Douglas (nos conhecemos na igreja que frequentamos) havia aberto uma pizzaria a lenha por delivery e pedi minha primeira pizza depois de tanto tempo. Chegou a minha casa com um bilhete: *"Seja bem-vinda de volta!"* Está aí a Gratidão emocionada de novo, está aí as pessoas imaginando ver a Adriana que não existia mais, estão aí as coisas simples e sem importância como comer uma pizza se tornando um episódio maravilhoso e muito valorizado. E assim como o vinho na Páscoa eu jamais vou esquecer o sabor daquela pizza.

Os dias após o término do tratamento são tensos, pois os efeitos ainda são fortes e o temor de não injetar mais remédios para correr atrás dessa doença dentro do meu corpo nos próximos quinze dias, me deixavam neurótica, com pensamentos negativos de que nada tinha dado certo. Mas Mariza estava lá, para segurar essa onda, e foram sessões de terapia bem intensas. Nós estávamos falando nesse momento de perdão! Sim, de me perdoar. E àquela altura da vida isso fazia muito sentido para mim. A somatização de pacientes que expressam angústia emocional por meio de sintomas físicos tinha sido reconhecida pela comunidade científica como uma possibilidade bastante relevante no século XX, especialmente quando se trata de doenças como o câncer. De forma quase involuntária você se sente culpado por aquela situação, uma vez que não encontra resposta lógica para que você tenha sido o escolhido para viver tudo aquilo.

Então, a cabeça gira em torno de ressentimentos por ter se alimentado mal, não ter feito exercício físico, trabalhado demais, ter sofrido demais por coisas sem importância ou com muita importância. Aquela máxima de que quando você não explode você implode e tudo mais que vivenciei até aqui. Me perdoar por tudo isso era o primeiro passo para entender que, sim, poderia ter sido tudo isso o causador da célula mortal — ou não! Mas esse caminho era necessário. Se, não para entender, para neutralizar o sentimento de culpa que era um fardo a mais nessa bagagem já tão pesada.

É curioso como se fala muito que hoje o diagnóstico da doença não deve mais ser encarado como uma sentença, mas há muito que se mudar em relação a isso pelas próximas gerações, pois mesmo melhorando muito as práticas de tratamento, as descobertas maravilhosas que a cada dia surgem para salvar mais e mais vidas, você sempre escuta que alguém está "lutando contra o câncer", ou "perdeu a batalha contra o câncer", reforçando o discurso de uma verdadeira guerra — que de fato é.

Mas não ajuda em nada manter esse discurso terrorista. Para quem está em tratamento ou chegando nele, isso é aterrorizante! Que a gente possa cada vez mais mudar essa fala e fazer dessa vivência, ainda que com o entendimento da sua seriedade e complexidade, uma fala de esperança e normalidade, para amenizar o sofrimento da tribo e de quem está chegando nela. Na época das minhas avós era conhecido como a "doença ruim", tempos depois você não podia falar o nome porque podia trazer a doença para você como uma verdadeira maldição. Então temos muito o que fazer para acabar com esse estigma e anos e anos à frente para construir outra linguagem. Na área da saúde, na sociedade, na divulgação através das mídias, para que as próximas tribos não carreguem pesos de gerações passadas nesse caminho que por si só já tem o devido peso.

Chegou o décimo quinto dia e eu não voltaria a clínica para o tratamento. O tratamento havia acabado. Esse foi um dia emblemático para mim, embora para a maioria das pessoas à minha volta tenha passado despercebido. Eu pude buscar uma coragem enorme dentro de mim para dizer primeiro de forma humilde e agradecida: "Obrigada Senhor! Hoje eu não preciso voltar para o tratamento". E em seguida, de forma raivosa, orgulhosa e muito atrevida: "sua célula mortal você se ferrou porque eu sobrevivi!" Claro que imediatamente tive um receio absurdo. Aquele receio de quem sabe o tamanho desse problema e pensei: "Ai minha nossa! E se ainda tiver alguma coisa por aqui?" O fato é que por um segundo depois de tanto tempo eu me senti vitoriosa.

Logo no primeiro mês a minha expectativa de que todos os sintomas desapareceriam como em um passe de mágica se frustrou. Tudo parecia igual, e de fato ainda tinha muita química dentro de mim e deveria ser assim ainda por um bom e longo tempo.

As dores nas articulações eram horríveis, era uma sensação de que todos os membros com dobras no corpo — como cotovelos, ombros, joelhos e cintura — estavam engessados e era péssimo não ter a minha força muscular de volta. Mais um grande aprendizado diante de tudo isso: eu nunca fui uma pessoa paciente e literalmente fui paciente por muito tempo. Sou até hoje, mas antes a palavra *paciência* tinha outro sentido. Paciente pela doença e paciente pela espera; à espera do tal tempo, que, quando aceito interiormente, traz a paz. E quando não traz paz o que vivenciamos é a inquietação que faz com que ele, o tempo, pareça maior.

Eu precisava ter paciência para que, muito devagar, as coisas começassem a melhorar, pois não seriam iguais de jeito nenhum, nem meu corpo, nem a minha cabeça, e isso eu já sabia. Aprender a viver com alguém novo dentro de si mesmo; aprender a ser como alguém da tribo.

Chegou o dia dos primeiros exames de controle, aqueles que fazemos regularmente para saber como estão indo as coisas, se está tudo bem e dentro do esperado. De volta ao hospital, me deparo com as conhecidas agulhadas, as máquinas de tomografia e o ultrassom. Tudo muito tenso, muito doloroso e muito incômodo. E até hoje e creio que será sempre! Sempre é muito tempo. Eu sei, mas eu sinto assim. A espera pelos dias que seguem para o resultado é muito difícil. Como se você estivesse a um passo de voltar para o começo da fila. Exames em mãos e vamos voltar ao dr. Frederico para leitura de todas aquelas taxas e tudo mais que estava descrito em cada um dos exames solicitados: *o pacote de que está tudo certo*, foi assim que apelidei.

Ao chegar no estacionamento da clínica, de novo com minha mãe e minha filha Marjorie, que foi nos levar, o primeiro atestado das sequelas que essa jornada deixa no nosso subconsciente se apresentou. Eu fui surpreendida por um tremor no corpo incontrolável, que me impedia de caminhar direito e de me manter de pé. Minha mãe perguntou se estava me sentindo mal e minha filha imediatamente entendeu o que estava acontecendo e começou a repetir em voz alta que estava acabado, estávamos ali para ter boas notícias sobre os exames, e que estava tudo bem e que eu não voltaria para aquela sala de tratamento. "Acabou! Você está me ouvindo, mãe. Acabou!"

Ela repetiu isso muitas vezes, até que fizemos uma conexão visual e eu passei a ouvir o que ela estava dizendo. O tremor foi diminuindo e fui me acalmando. Na verdade, eu não me sentia nervosa, só não conseguia controlar o meu corpo.

O dr. Frederico me recebeu com muito carinho, demos um longo abraço e eu tremia um pouco mais timidamente agora. Marjorie falou com ele sobre o episódio, que ele imediatamente compreendeu, e disse:

— Está tudo bem, fizemos nossa parte, agora vamos seguir.

Ele passou a analisar os exames e o silêncio me matava, mas ele conhece bem a nossa tribo e abriu um largo sorriso ao ler os exames finais, como que acabando com o meu sofrimento antes de efetivamente começar a falar.

Sim estava tudo bem e tudo dentro do esperado. Ele me parabenizou (imagina, parabéns por estar viva!) e eu só pude dizer: "fizemos isso juntos!" Ele informou que nos veríamos daqui a três meses e qualquer coisa era só ligar. Nem precisava dizer! Importante ressaltar que eu liguei um milhão de vezes para ele durante essa jornada, ligo até hoje e em, TODAS as vezes fui atendida, ou em curto espaço de tempo tive a ligação de retorno. Com a quantidade de pacientes que ele tem eu juro não ter ideia de como ele consegue — mas ele consegue! Importante dizer que o dr. Frederico veio para esse mundo com outro chip, tenho certeza! Na nossa tribo ele é uma unanimidade de atenção, apoio e qualidade técnica. Que sorte a minha. Que sorte a nossa!

Começaria agora o caminho de volta. Voltar para as caminhadas mais longe de casa. Voltar a tomar sol moderadamente, voltar para uma dieta muito melhor do que antes do diagnóstico, mas não tão rígida como durante o tratamento. Dei adeus aos refrigerantes, aos embutidos e algumas outras coisas muito comuns do nosso tempo, mas extremamente nocivas à saúde do intestino.

Minha primeira volta na orla do Rio foi próxima a minha casa na Barra da Tijuca. Nossa! Que imagem maravilhosa! A melhor água de coco da vida e uma sensação de liberdade que extravasava meu espírito! "Que loucura tudo isso", eu pensava. Perto de mim estava uma senhora sentada em uma cadeira de rodas na sombra e assim como eu rodeada da sua família. Ela tinha passado pelo ritual do guerreiro da nossa tribo, tinha a cabeça raspada e olhou para mim. Eu estava de camiseta, era um dia quente e minha cicatriz ainda com o Port-a-Cath implantado chamou a atenção dela. Nós fizemos contato visual. Ela sorriu para mim e eu para ela. Dissemos tanta coisa uma à outra enquanto nos olhávamos, nossas famílias chamavam a nossa atenção e da mesma forma compreendemos que era hora de nos despedirmos e voltar a aproveitar nosso passeio e aquele momento, com os nossos queridos. Se estávamos em condições iguais no estágio das nossas situações ali, não fazia a menor diferença, nunca faz! Somos da mesma tribo, nos familiarizamos pela dor e é só isso que importa. Nossas famílias jamais saberiam que nós duas éramos mais próximas uma da outra do que qualquer outra pessoa naquele lugar.

E mais uma vez a presença de Deus sentida fortemente naquela manhã, me mostrando sempre que outros de nós estão em suas próprias jornadas. Aquela senhora estava ali para mim, como eu para ela. Encontros que tantas vezes acontecem na vida e nós, insistentemente, chamamos de coincidência.

Nesse momento eu ainda não saía sozinha e nem estava ansiosa por isso. Eu tinha muito medo da minha fragilidade. Eu havia me mudado de apartamento para uma casa nova, mas na mesma rua. Isso foi muito significativo para mim. A empresa onde eu trabalhava também estava em processo de substituição, era como se tudo novo de uma só vez se apresentasse para mim, como se todas as minhas preces estivessem sendo ouvidas de uma só vez. Estava na hora de ser feliz, mas a tal felicidade não vinha. Eu e Mariza estamos cuidando disso até hoje na terapia. É como se o medo de tudo voltar fosse tão grande que você prefere sorrir pouco para não perder muita coisa na hora de uma nova aflição. Porém, como viver um dia de cada vez passou a ser um exercício diário de administração do tempo e não controle (essa lição está aprendida), eu tenho avançado a cada dia, sorrindo mais para a vida.

Por fim, a Morte se
mostrou para mim.

Vida profissional reiniciada e onde vou parar no meu novo trabalho? Na área de administração de um hospital.

Nesse meio tempo, eu concluí a Faculdade de Gestão hospitalar, pois eu atuava antes no Gerenciamento de *Home Care* (Assistência domiciliar). Eu sentia falta de estar habilitada tecnicamente para atuar nesse segmento da saúde, ainda que minha atuação fosse administrativa. Sim, eu concluí uma faculdade online no meio de toda essa turbulência. Minha formatura foi quase que uma certificação de todo esse caminhar difícil e em condições tão adversas. E minha pouca sanidade restante se manteve por conta desse exercício de estudar e por algumas horas manter meu cérebro funcionando em outro tema que não fosse a minha doença. Aconselho a todos que puderem, isso salva muitos neurônios do colapso. Salvaram os meus.

Ainda com cerca de um mês para começar no trabalho novo eu tinha que me acostumar com o retomar da minha vida. Fazia pequenos passeios perto de casa com os olhares ansiosos de todos quando voltava. Me lembro bem que a ida até a farmácia na esquina de casa foi uma grande aventura, eu tinha medo, mas também uma ansiedade e alegria quase adolescente de estar fazendo algo sozinha outra vez. As pessoas me cumprimentavam habitualmente e eu era entusiasmada demais no cumprimento de volta de um simples "Bom dia!" O meu tom não estava adequado, é muito engraçado lembrar disso hoje.

Já começava a receber alguns amigos em casa, a amiga Juliana e o amigo Jorge, um casal que conhecia há muito tempo, foram os primeiros. E aquele olhar de quem não te reconhece mais, pois você está fisicamente muito diferente, deixou de ser um aborrecimento para mim. E passou para a mais absoluta compreensão. "Sim, a DRI (como eles costumavam me chamar) de antes não está mais aqui, mas ainda somos parecidas", eu pensava e quase ria dos meus pensamentos na frente dos amigos.

Fui à igreja na primeira missa de domingo depois de tudo. Essa foi regada de muita emoção e muito choro. Meus amigos me abraçaram emocionados assim que cheguei, alguns choravam, outros diziam baixinho para minha mãe: "Como emagreceu, como está abatida e sofrida". Acomodei-me e quando começou a missa já me ajoelhei olhando para a CRUZ e não conseguia parar de chorar. Eu lembrava de todo o meu sofrimento. E pensava no DELE, no de CRISTO. Pensei por um momento que ELE estava ajoelhado ali comigo e eu quase podia sentir a sua mão na minha cabeça. QUE MOMENTO! Eu só conseguia repetir: "obrigada, obrigada, obrigada", e todos os amigos que me viam ali choravam comigo cada um no seu lugar, pois não ousavam se aproximar. Eu quase desidratei de tanto que chorei e lavei minha alma. Quando ergui meus olhos pude ver o pranto deles que rezaram por mim e estavam ali agradecendo, também, enquanto presenciavam um verdadeiro milagre, atravessar o câncer e sair vivo disso.

Fiz a comunhão e meu corpo todo cheio de feridas, de sequelas, de cicatrizes físicas e emocionais pôde sentir o espírito santo de Deus VIVO, intacto, queimando no meu peito como que ressurgindo em pleno amor, abrindo o espaço e empurrando a dor para fora, pois ali só cabia o amor. Que momento único, que dia especial. Quando a dor sai, o amor consegue ocupar todos os espaços.

Estava na hora de tomar impulso e ficar de pé. A primeira coisa que voltou foi a vontade. Foi a boa vontade, porque força ainda não tinha nenhuma. Mas era chegada a hora de voltar *pra* vida!

Primeiro dia de trabalho e André me levou como se estivesse indo para o primeiro dia de aula na escola. Fui recebida pelo novo chefe, pelos novos colegas e de cara uma reunião para a tomada dos assuntos importantes e suas respectivas tratativas.

Eu estava tão feliz, me sentia e parecia de novo uma pessoa normal. Mas as dores ao me levantar da mesa de reunião depois de uma hora sentada não me deixaram ter essa sensação por muito tempo. Sempre havia alguém para perguntar se estava tudo bem ou precisava de ajuda. Eis que surge a mentirinha do bem, pois ainda era cedo para contar minha história. Eu dizia sempre que estava de volta para academia, então as dores estavam fortes por isso. E todos sorriam e começavam a responder: "nós temos muito que aprender com você, esse esforço temos que fazer também, trabalhar e cuidar do corpo". Eles nem imaginavam o quanto.

Eu tinha certa dificuldade de memória e a elaboração de projetos, que eram tão fáceis no passado, hoje tinha um ritmo mais lento e isso me deixava triste, mas fazia parte dessa nova Adriana, que eu precisava perdoar, reconhecer e ressignificar.

Na primeira semana de trabalho, o *sextou*, (expressão tão utilizada nas redes sociais, enaltecendo a alegria de ser sexta-feira) nunca foi tão comemorado. Eu estava exausta, física e mentalmente. Algumas pessoas diziam para minha mãe: "será que não é cedo, pois ela ainda não parece bem". Mas eu sabia que era preciso voltar o quanto antes. Eu tinha uma família para cuidar e uma vida para retomar e muitos boletos para pagar. Passei o final de semana quase que inteiro descansando, recuperando o fôlego e me preparando para a próxima semana.

Certo dia no trabalho, alguém comentou que uma paciente com cerca de 50 anos internada para uma cirurgia de retirada de um tumor adenocarcinoma no colo do intestino iria embora no dia seguinte sem fazer a cirurgia. Ela tinha desistido. O cirurgião e a família, todos tentando convencê-la, mas ela estava decidida em não fazer a cirurgia. Imaginem essa história caindo no meu colo! Na hora eu tive a certeza de que ela precisava de alguém da tribo. Fui até o quarto dela e pedi licença para conversarmos e me apresentei como Administradora do Hospital. Ela se chamava Sônia. Tinha um olhar de pânico e eu reconheci naquele olhar o meu olhar e pude sentir todas as aflições, angústias e os sentimentos que nos impedem de seguir com a paz e a resignação. A raiva, os questionamentos sobre o porquê de ser você ali naquela situação. E o medo. O medo que paralisa e se não for vencido, mata! Estavam todos esses sentimentos ali.

Pedi para falar sobre sua recusa em operar e ela me traduziu todos os sentimentos que eu havia identificado em seus olhos e por fim me disse que ainda teria que implantar um dispositivo no peito e foi nesse momento que afastei minha blusa para o lado e perguntei se seria algo como o que eu tinha em meu peito, mostrando o volume na minha pele.

Ela ficou muda e me olhou profundamente. A conexão estava feita, sim ela me reconheceu: eu era da mesma tribo. Ela segurou na minha mão e me pediu que contasse tudo. E tivemos uma longa conversa. Todos os relatos deste livro traduzem a mesma força das histórias dos meus amados irmãos e irmãs da minha tribo. A história deles também chega com absoluta verdade e confiança ao meu coração. Com a Sônia não foi diferente e ela chorou. Choramos juntas! E ela decidiu manter a cirurgia e passar pelo tratamento.

A família me agradeceu em lágrimas e eu só pedia para que eles rezassem por mim sempre que pudessem. É sempre tudo o que peço quando me agradecem por algo desta natureza. Prometi a Sônia que assim que os efeitos da anestesia acabassem e ela estivesse mais acordada eu estaria lá ao seu lado.

Ao abrir a porta do quarto, após bater e ter o sinal de que poderia entrar, a mãe e o esposo dela se apressaram em dizer que ela já havia perguntado por mim. Fui até a beira do leito, segurei sua mão e disse que estava ali ao seu lado. Depois fui saber com o cirurgião como tinha sido a cirurgia e o implante do dispositivo para a quimioterapia. Ele estava muito satisfeito com o resultado dizendo ter corrido tudo dentro do esperado. Isso foi um grande alívio! Ela sorriu e em seguida se contraiu dizendo que um caminhão havia passado por cima dela, era essa sensação: muita dor.

Sim, eu respondi: "Sei disso e conheço o motorista", tentando ser leve e alegre para não piorar a situação já tão difícil. Tivemos um momento de descontração por isso e naquela piada cheia de empatia eu reconheci meu senso de humor voltando. Sônia me disse que um dia atrás ela jamais poderia imaginar que estaria rindo daquela situação. Só pensava em desistir e fugir. Fiquei grata por aquelas palavras e disse que ainda seria duro e difícil o que viria pela frente, mas que tudo iria passar! E que eu estava ali para ela, como ela estava ali para mim. Éramos velhas conhecidas de uma amizade recente! Os dias seguintes foram tranquilos e diferentes dos meus, já que ela teve alta dentro do previsto e seguiu para sua jornada que, como sabemos, não seria nada fácil.

As pessoas mais próximas, como o meu chefe direto e meus pares gestores, assim como a minha equipe, depois desse episódio de acompanhar essa paciente pessoalmente, passaram a conhecer a minha história e se alegraram com a minha saúde. A minha superação fazia com que eles quisessem oferecer sempre o melhor deles mesmos, como se fosse uma vergonha para eles não me entregarem resultados e empenho. Pois é! A régua ficou alta! Gostei dessa sensação, mas trocaria para não ter tido que passar por tudo isso.

Chegou o tão esperado momento de retirar o Port--a-Cath. Fui para a consulta do cirurgião vascular, dr. Marcos, indicado pelo meu amigo e, também, anjo da guarda nessa jornada, o cardiologista dr. Marcelo, que acompanhou todo esse caminho, cuidou de mim e me protegeu das sequelas nesse meu coração bombardeado pela quimioterapia e todas as emoções desse momento tão difícil da minha vida.

Eu tinha de fato uma rede de apoio de muita qualidade técnica, muito amor e muita boa vontade comigo e minha família.

O dr. Marcos era um recém-chegado nessa história, mas não menos importante e querido, pois fez parte do "Grand Finale", de me deixar livre desse "treco" no meu peito que me incomodava tanto, e seria a minha última peça para desmontar. Entrei no centro cirúrgico como quem está indo para o show do seu artista preferido. Se eu tivesse em mãos um "pompom" de líder de torcida, estaria sacudindo. As enfermeiras estavam rindo da minha alegria e diziam a todo momento que eu tinha toda razão de comemorar. O dr. Marcos, muito contido, também sorriu e disse que iríamos resolver isso rápido. Ao acordar da cirurgia ele estava ao meu lado dizendo que eu estava livre.

E o quanto era emblemático ouvir aquela frase. "Meu Deus, obrigada por mais essa etapa vencida". Fui para casa no mesmo dia e na semana seguinte estava de volta ao trabalho, Todos comemoraram comigo e estavam felizes por mais esse passo à frente. A cicatriz está aqui e me acompanha para me lembrar de tudo que aconteceu, como se eu precisasse dela para isso. É claro que não! A sensação de não ter aquele treco no peito é extraordinária. Eu tinha pensamentos infantis como "eu posso tomar uma bolada, sofrer um encontrão na rua e nada vai acontecer, pois aquele botão não estava mais no meu peito". Vontade de rir pensando nisso.

Ainda trabalhando no hospital meu pai adoeceu e precisou ser internado, com oitenta e três anos e uma crise aguda de diverticulite que o deixou desidratado em pouco tempo. Passou a ser paciente no hospital onde eu trabalhava, e por isso podia vê-lo e estar com ele durante os nove dias que esteve lá internado. Durante a noite, amigos se revezavam para eu poder descansar do dia de trabalho e da atenção com ele. Seu quadro foi agravado talvez pela idade. E ele falava sobre o cansaço de estar vivo, dá vontade de estar com aqueles que já se foram como os seus pais, os meus avós. É curioso como ouvir esses discursos me separava dele na minha lembrança dos momentos ruins da minha doença, em que eu achava que não ia conseguir ou ainda quando estava tão exausta e pensava em não me esforçar mais, mas essa fala nunca foi a minha, e pude entender quando a vida se despede e que, lá atrás, mesmo nos momentos mais difíceis, eu queria viver, e mesmo sem saber eu resistia, persistia.

Quando a hora de partir se aproxima, ela vem cheia de sinais. Sinais de que você está no fim. São sinais tão claros, tão evidentes, mas a orgulhosa proposta da imortalidade não dá trégua e te faz ignorar essas mensagens. Eu ignorei as mensagens do meu pai e a todo momento dizia: "você vai ficar bom logo, se esforce, não se entregue". No nono dia de internação eu precisei dormir com meu pai, pois todos os amigos e a família que me cobriam nessa função e sabiam das minhas limitações físicas em trabalhar de dia e ainda ter que pernoitar com ele, nesse dia não puderam ficar, e eu pude fazer esse esforço por ele. Conversamos sobre muitas coisas antes de dormir e ele me pediu para tomar um refrigerante.

Imagina, em um hospital e com uma dieta supercontrolada, e ele querendo um refrigerante. Pois bem, eu comecei a falar sobre o mal dos refrigerantes na nossa saúde e cheia de teorias e vivências da minha doença, mas quando olhei para ele, havia ali um olhar de súplica por um momento de alegria. Eu me reconheci nesse lugar e imediatamente me achei uma idiota tentando negar a ele um pequeno prazer e me lembrei dos meus pequenos prazeres. Consegui o refrigerante e ele bebeu apenas um gole, mas ficou muito feliz por isso. Ele disse que refrigerante é, sim, uma porcaria como eu havia alertado, mas que adorava, e sorriu. Foi a última vez que eu o vi sorrir.

Tudo que você aprende na vida serve para você, mas pode não servir para o outro. O tempo de saber ensinar, o tempo de saber aprender, o tempo de saber empregar o que aprendeu e o tempo de saber quando ensinar ou não.

Meu pai faleceu naquela noite ao meu lado. Ele teve um breve olhar para mim e partiu com um grito de quem tem um infarto. Toda aquela correria para socorrer e, por fim, a notícia de que se foi. E a morte, que esteve tão perto de mim tantas vezes, se apresentou. Só que desta vez desconhecendo e ignorando a minha presença. Mostrando que eu não sabia nada sobre ela, porque ninguém sabe.

Mais uma vez o perdão! Me despedi do meu pai, perdoando por qualquer falta que tenha tido e me perdoando por qualquer falta que tenha feito a ele. Estava ainda assim, me sentindo em paz, meu pai partiu me vendo de volta à vida e é como se ele pudesse partir agora. Eu disse a ele que eu estava bem, e que ele podia ir em paz. E eu acredito que ele assim foi.

As pessoas que estavam comigo na cerimônia de despedida do meu pai tinham o olhar fraterno e compadecido para mim, como se ter passado por tudo que passei pudesse me isentar de qualquer outro sofrimento e tristeza na vida. Essa ficha caiu para mim também, pois por diversas vezes eu me sentia assim, isenta, com imunidade parlamentar para as demais coisas da vida. Que bobagem! Ainda orgulhosa, como é traiçoeira a nossa humanidade.

Vou ficar doente como todo mundo, vou sofrer, chorar e me preocupar como todo mundo. Estou viva e enquanto meu coração bater ainda teremos muita emoção para sentir.

Confesso que o sofrimento da doença de outros da minha tribo me entristece e enfraquece demais. Quando se apresenta em fase terminal, eu sou covarde ao ver a doença se manifestando na sua agressividade, mutilação e degeneração dos meus irmãos. Eu simplesmente não consigo.

Pude assistir a morte do meu pai com toda dor e aflição que se possa imaginar, mas não creio que seria capaz de estar presente no caso de um terminal de câncer. Eu certamente fugiria. Sequer consigo imaginar. Essa limitação eu ainda não consegui tratar. Não sei se um dia conseguirei. Tive amigos em estado terminal, tenho um tio em cuidados paliativos e eu não consigo estar presente no sofrimento deles. É uma trava emocional muito forte. Talvez o mesmo gatilho dos tremores no corpo que tenho até hoje se precisar estar no espaço da clínica onde fiz a quimioterapia. Isso ainda hoje acontece!

Mas tenho boa vontade comigo e assim como tenho limitações de movimentos e esforços físicos que vão diminuindo ao longo do tempo, e que serão para sempre, com as questões emocionais funciona da mesma forma. É o que temos para hoje, então vamos seguindo.

E falando em seguir, a vida foi voltando para o lugar:

vieram novas trajetórias profissionais, novos amigos, novas oportunidades e as mesmas rotinas de acompanhamento continuaram e continuarão por muito tempo. Os exames de controle sempre são momentos de tensão e angústia. As pessoas não compreendem e acham apenas que de tanto fazer exames de controle você já tira de letra e sequer podem entender como nos sentimos, afinal elas não são da tribo. A cada tempo de fazer exames de controle o pavor de receber más notícias te atinge como uma pedrada. O olhar do técnico de enfermagem, o tempo de demora no exame, tudo parece um filme de terror repetido, que você detestou ver, mas insistem em te fazer ver de novo.

A terapia continua e, desde que começamos, a doença está presente em quase todas as sessões. Anos depois ainda é pauta para as tratativas de tantos sentimentos, tantas fragilidades e tantos receios. Natural que seja assim, há muitas vivências dessa doença nas nossas veias, físicas, emocionais e espirituais.

Fico imaginando que não seria possível eu ter passado por tudo isso sem ter feito esse combo de tratamento, como apelidei: o físico, o mental e o espiritual. É importante cuidar desses três pilares de uma vida, e penso que todos nós deveríamos de forma voluntária nos preocupar em cuidar do corpo, da mente e da alma, independente de sermos surpreendidos por uma doença.

A minha tribo compartilha dores muito específicas, mas existem tantas outras tribos por aí, com tantas outras dores e familiaridades. A experiência de escrever esse livro foi sensacional! A sensação é de uma verdadeira "diálise emocional" como se eu estivesse tirando de mim todas essas lembranças e experiências e colocando em um lugar seguro. Não carrego mais o peso absurdo de todas elas, mas estão sempre ali para me aconselhar nos momentos que preciso e compartilhar com tantas outras tribos essas histórias; me faz perceber que parte da minha cura está sendo tratada aqui nessas páginas.

Percebo que usei a palavra CURA aqui neste *quase* final. O quanto é difícil falar de cura, o quanto é preciso falar de cura e o quanto é maravilhoso mencionar a cura. A cura de tantas outras questões que estão além do câncer, mas que através dele te fazem perceber o quanto existe para se fazer em uma vida, e é quando a gente percebe que pode não dar tempo. Mas não é preciso requerer mais tempo, é preciso saber lidar com ele.

As marcas dessa doença são profundas, não há uma dor nova que apareça ou uma sensação de mal-estar que não toque um alarme na cabeça, anunciando que pode ser um novo tumor ou uma metástase e, de fato, não há nenhuma garantia de que não haverá. O que todas as tribos precisam tentar exercitar é a consciência de que essa certeza não existe para ninguém. E que estamos à mercê de tudo que pode nos acontecer e que para esses dias devemos ter esperança e para todos os dias devemos ter fé.

Eu tenho aprendido muito com essa nova pessoa que me tornei. Eu sorrio menos, sim. Mas quando sorrio existe tanta verdade nesse sorriso. Eu dou menos gargalhadas soltas, sim, com certeza muito menos, mas quando choro de rir sou tão grata por essa sensação que me faz voltar a infância. Quando o nosso riso é solto não temos que explicar nada para ninguém. Eu sou menos exigente comigo e com os demais à minha volta. Sim, sou, pois sei que dentro de mim as minhas histórias me traduzem e eu posso reconhecê-las, mas que também os outros têm dentro de si as suas próprias histórias e eu não as conheço, e por isso não tenho dimensão do motivo de serem como são e eu devo serenar por isso.

Tenho menos preocupações com o que está muito distante, sim. Tenho menos preocupação porque sequer sei se estarei viva daqui a cinco minutos. A vida pode mudar de direção a qualquer segundo e jamais vamos estar preparados para isso. Como diria o filósofo e escritor francês, Jean Paul Sartre, "o ser humano se julga imortal até o dia da sua morte". Pois bem, eu procuro viver os meus dias com a intensidade do único, com a responsabilidade do hoje e com os sonhos de um possível amanhã.

Ah! Os sonhos! Sim, eles voltaram, e estão vivos aqui com todos os presentes dessa jornada tão dura. Os sonhos que ainda tenho para realizar tantas coisas e poder ver tantas coisas, e experimentar tantas outras que ainda não vivi.

O perdão não apaga ou te faz esquecer, mas permite que você siga sem amarras ou correntes do passado. E quero poder perdoar e ser perdoada muitas vezes.

A saudade! Saudade de quem fui, saudade daqueles que partiram, saudades dos dias em que eu não sabia da doença e me achava imortal, saudade da escrita da primeira página e da sensação incrível de contar tudo isso aqui.

A cura, que me cura todos os dias, a cura de tudo que faz minha vida seguir. O amor que promove a luz em tudo e qualquer coisa que eu quiser. O tempo, ah o tempo! Esse é o mais misterioso, bondoso ou cruel dependendo de que lado você está e de como está olhando para ele.

A *outra tribo*. A todos os meus irmãos de caminhada que estão conectados a meu coração em qualquer lugar do mundo, pelo amor ou pela dor, estaremos sempre unidos por uma linha invisível aos de fora, mas familiar a todos nós. Para aqueles que seguem firmes, para aqueles que desistem, para os que podem seguir, para os que não podem, sabemos de todas as possibilidades e tudo é permitido, tudo é certo, tudo do jeito de cada um. Já disse que sempre falei e falo da minha doença, pois isso me ajuda e pode ajudar outras pessoas também. Mas alguns de nós não falam e acreditem, isso nada tem a ver com orgulho, vergonha, timidez.

De verdade, é uma dor tão dilacerante e um medo tão intenso que por vezes paralisa e cala. Todo meu respeito aos meus irmãos de tribo que não conseguem verbalizar suas dores e sentimentos, mas temos liberdade uns com os outros, então me sinto confortável para insistir que tentem! Tentem falar, sentirão o bem enorme que faz tirar de dentro de nós essa fala. Organiza, traduz e cicatriza essa dor na nossa emoção.

Vou terminar minha história pelo começo. Sim, pelo começo e com poesia. Foi na verdade como tudo começou. Essa poesia foi o meu primeiro movimento, escrevendo alguma coisa sobre tudo o que foi lido até aqui. Antes de pensar em escrever esse livro, essas foram as primeiras palavras escritas sobre essa jornada, quando me senti forte para falar sobre a *outra tribo*. Eu esbocei esse rascunho em poesia:

Depois de tudo, o amanhecer é leve.
Depois de tudo, o amor renasce.
Depois de tudo, o futuro é vivo e o recomeço é certo.
Acontece que o caminho foi duro.
A descoberta breve e grande o medo.
Acontece que a janela fecha,
a alma se descontrola e a posição se inverte.
Mas existia uma força sublime.
Existia uma vontade firme
e acontece que a vida pede e a gente imprime.
A nossa luta, a nossa ânsia e a nossa busca.
E acontece que a luz aparece
e depois de tudo a luta se despede,
a alegria volta e o sol reaparece.
Acontece que a vida continua sendo breve,
mas a gente esquece e depois de tudo,
ainda depois de tudo,
o sonho se ergue e a gente segue.

Adriana Duarte.